2018 年度大连外国语大学学科建设专项经费



# 中国农业环境规制的投资效率研究

董 杨 著

中国财经出版传媒集团

**图书在版编目（CIP）数据**

中国农业环境规制的投资效率研究/董杨著．—北京：经济科学出版社，2019.6

ISBN 978-7-5218-0539-0

Ⅰ.①中…　Ⅱ.①董…　Ⅲ.①农业投资-投资效率-研究-中国
Ⅳ.①F323.9

中国版本图书馆CIP数据核字（2019）第089710号

责任编辑：顾瑞兰
责任校对：靳玉环
责任印制：邱　天

**中国农业环境规制的投资效率研究**
董　杨　著
经济科学出版社出版、发行　新华书店经销
社址：北京市海淀区阜成路甲28号　邮编：100142
总编部电话：010-88191217　发行部电话：010-88191522
网址：www.esp.com.cn
电子邮件：esp@esp.com.cn
天猫网店：经济科学出版社旗舰店
网址：http://jjkxcbs.tmall.com
固安华明印业有限公司印装
880×1230　32开　5.625印张　180000字
2019年10月第1版　2019年10月第1次印刷
ISBN 978-7-5218-0539-0　定价：49.00元
**（图书出现印装问题，本社负责调换。电话：010-88191510）**

# 前　言

环境是人类社会赖以生存和发展的基石。党的十九大报告提出了加快生态文明体制改革、建设美丽中国的总体目标。环境建设也是中国全面建设小康社会核心问题之一，特别是农业的环境问题。近年来，在农业经济实现飞速发展的同时，农业环境整体质量水平却呈现持续下降的趋势。党的十八大报告提出：“坚持节约资源和保护环境的基本国策，……着力推进绿色发展、循环发展、低碳发展，形成节约资源和保护环境的空间格局、产业结构、生产方式、生活方式，从源头上扭转生态环境恶化趋势……”党的十九大报告提出，到2050年，将中国建设成为富强民主文明和谐美丽的社会主义现代化强国，在原有目标基础上，又增加了“美丽”一层含义。这一目标提法的改变，体现了党中央关于经济、政治、文化、社会和生态文明建设“五位一体”的总体布局，强化的是“绿色发展”的新发展理念。

现阶段要实现上述目标，还需要加强很多方面的建设，特别是农业环境。当前，农业生产方式仍多以粗放型为主，农业资源被大量利用的同时，农业污染并没有得到有效控制，其中，农业面源污染逐渐成为农业主要污染来源。这与发展与建设“美丽中国”的目标背道而驰，也与建设社会主义“新农村”相背离。解决农业环境问题，需要政府采取必要措施进行治理。从广义来说，政府以维护环境生态平衡、追求可持续发展为目的而制定实施的各项政策与措施，都可以称之为环境规制。所以，可以将政府在治理农业环境问题的各项政策和措施统称为农业环境规制。根据环境规制工具不同，又可分为农业政策型环境规制和农业投资型环境规制。其中，政府实施农业投资型环境规制，目的是通过财政预算资金提高农业环境基础设施建设，进而实现农业环境治理。由于涉及财政预算资金的使用，通过科学的方法对这部分资金的投资效率进行评价，并且分析如何提高农业环境规制的投资效率，将有助于提高农业环境规制中单位资金所产生的收益水平，最终使这部分政府财政预算资金更有效地被应用在治理农业环境污染问题上。

本书以农业环境规制投资效率问题为研究对象，借鉴规制经济学、新制度经济学、经济地理学、投资经济学中的相关基本理论，构建中国农业环境规制投资效率评价体系及分析框架，实证分析中国农业环境规制投资效率的时间和空间分布特征，并分析其背后的影响因素和驱动机制，并在实证的基础上设计提高中国农业环境规制投资效率的政策建议，对推进中国农业环境规制体系改革、提高农业环境规制效率水平、改善农业环境质量、实现农业的可持续发展提供可借鉴的理论依据和实证参考。

本书主要的研究方法有文献研究方法、比较分析法及定性和定量分析法。通过对已有研究文献进行分析、对比，发现已有研究的逻辑分析规律，为本书研究提供了文献支撑和理论依据。对影响农业环境规制投资效率水平的诸多因素进行定性分析，分析各因素对农业环境规制投资效率水平的驱动机制。通过多种定量分析方法，对核心内容进行了较为全面的研究，其中包括：运用 Super-SBM 模型评价不同区域农业环境规制投资效率水平；运用收敛性方法对农业环境规制投资效率水平进行检验，以探究其时间分布特征；运用空间自相关检验分析农业环境规制投资效率水平的空间分布特征；运用空间计量模型研究影响农业环境规制投资效率水平的因素。

本书针对中国农业环境规制投资效率问题所做的工作及主要研究结论如下。

首先，通过 Super-SBM 方法，计算出 2005～2015 年中国农业环境规制投资效率均值为 0.67，且基本上呈现出波动上升的态势，效率峰值为 0.75，整体农业环境规制投资效率水平在样本考察期间随时间变化存在明显的波动。从区域来看，东北部地区农业环境规制投资效率由 2005 年的 0.96 增加到 2015 年的 1.99。总体呈明显的波动上升态势，并且十一年间的农业环境规制投资效率明显高于东部、中部和西部地区。这意味着相对于东北部地区而言，中国东部、中部、西部三大区域地区的农业环境规制是相对较为粗放的。同期，东部地区农业环境规制投资效率则呈现前期平稳、后期波动的态势，在 2010 年之前，东部农业环境规制投资效率维持在 0.5～0.7，2011～2015 年，效率则波动较大，并且在 2012 年后开始经历较为明显的下降，在 2014 年跌至最低值 0.45 后 2015 年上升为 0.63。相对于东北部地区，西部地区则表现出了相反的态势，总体呈波动下降的过程，农业环境规制投资效率由 2005 年的 0.68 跌至 2015 年的 0.54。中部地区效率值一直运行在低位，起伏不大。

其次，样本期间中国农业环境规制投资效率时间分布特征呈现为：农业环境规制投资效率不存在绝对收敛（σ 收敛和绝对 β 收敛），也不存在随机收敛，说明区域间农业环境规制投资效率的差距将会长期的客观存在，并且将朝着自身的稳态水平增长。空间分布特征呈现为，中国农业环境规制投资效率 LISA 显著性越来越明显，而且这种空间集聚的分布特征在2010年之后表现得更为突出，说明一个地区的农业环境规制投资效率并不是无规律的随机分布，而是越来越依赖于与之具有相似空间特征地区的农业环境规制投资效率水平。中国30个省份（不包括西藏和港、澳、台）的农业环境规制投资效率空间分布均呈相似值（高—高或低—低）之间的空间集聚态势。

最后，通过空间面板Durbin模型分析影响中国农业环境规制投资效率的因素，主要包括：(1) 表征地理因素的空间相关系数ρ为正并通过了1%的显著性检验，证明地理因素是影响中国农业环境规制投资效率的重要因素之一。(2) 地区经济发展水平、农业产业结构（畜禽养殖业产值占农业总产值的比重）、环境保护力度、城乡收入差距等指标对于农业环境规制投资效率均有不同程度的显著影响。其中，地区经济发展水平、农业产业结构、城乡收入差距等指标的影响是负向的，其余指标的影响是正向的。(3) 地区经济发展水平、农业产业结构、农业产业集聚、环境保护力度等指标的空间滞后项对于农业环境规制投资效率有着显著影响。地区经济发展水平、农业产业结构等指标的影响为负，其余为正。

根据全书的研究结论，对于提升中国农业环境规制投资效率、推动农业可持续发展，本书提出五个方面的政策建议：(1) 结合农业政策型环境规制，完善法律法规，规范农产品质量标准化体系以提升投资效率；(2) 实现农业供给端发展模式升级，调整农业种养结构，大力发展循环农业；(3) 优化农业财政补贴政策，逐步完善价格补贴方式，将农业补贴政策与环境指标适度结合，加大“绿箱”财政补贴政策的力度以提升投资效率；(4) 协调区域农业环境规制政策提升投资效率；(5) 合理运用政府农业环境规制投资，完善农业环境规制的财力投入和人力投入。

本书的编写与出版得到了大连外国语大学领导与同仁的帮助，也得到经济科学出版社的支持，在此表示感谢！

由于水平有限，书中难免有不妥之处，敬请批评指正。

**董　杨**

**2019 年 4 月**

# 目　录

# 第1章　导　论

## 1.1　研究背景和问题提出

环境是人类社会赖以生存和发展的基石。党的十八大报告提出，“坚持节约资源和保护环境的基本国策，……着力推进绿色发展、循环发展、低碳发展，形成节约资源和保护环境的空间格局、产业结构、生产方式、生活方式，从源头上扭转生态环境恶化趋势”。党的十九大报告指出，“坚持人与自然和谐共生，必须树立和践行绿水青山就是金山银山的理念，……实行最严格的生态环境保护制度。……坚持推动构建人类命运共同体，构筑尊崇自然、绿色发展的生态体系”。① 同时，党的十九大报告也提出了加快生态文明体制改革、建设美丽中国的总体目标。当前，中国仍处于全面建设小康社会（到2020年基本建成）的阶段中，而农村建设是工作的重中之重，特别是农村的环境问题。农业是对自然资源和环境的依赖性最强的产业，农业发展的好坏与其外部的资源环

---

① 《决胜全面建成小康社会 夺取新时代中国特色社会主义伟大胜利》。

境条件有着密切关系。近年来，在中国经济整体快速发展的过程中，农业经济也实现了飞速发展，但是中国农业环境整体质量水平却呈现持续下降的趋势，农业发展的生态压力与日俱增，中国农业环境问题日益突出。

国家统计局在2007年就对包括工业污染源、农业污染源、生活污染源的基本情况、主要污染物的产生和排放数量、污染治理情况等进行普查，发现中国农业面源污染导致的化学需氧量（COD）排放已经达到全社会排放总量的43.7%，是全社会化学需氧量排放量的首要因素，总磷（TP）、总氮（TN）分别达28.5万吨和270.5万吨，占全社会排放总量的67.4%和57.2%，已经超过工业和城市排放，成为部分水体的主要污染源之一。[①] 另据环保部《全国环境统计公报》的数据显示，2012年，全国废水中化学需氧量总排放量为2423.7万吨，其中，农业源化学需氧量排放量为1153.8万吨，所占比重为47.6%，到了2015年，随着全国污染治理的改善，农业源化学需氧量排放量有所降低，为1068.6万吨，但所占比重依旧维持在50%左右，具体为48.1%。[②] 张铁亮等（2012）指出，中国每年农用薄膜消费量超过110万吨，居世界第一，年残留量达35万吨以上，残膜率高达42%左右。据统计，在耕地面积占世界耕地面积总量不到1/10的情况下，中国农业生产却使用了全球1/3的化肥和1/4的农药。氮肥作为中国主要的农用化肥，由于使用方法不当，其施用量的大部分无法被作物吸收，造成空气污染、水体变质、土壤退化、农产品有害元素超标等一系列环境危害。中国单位面积化学农药的平均用量比世界水平高2.5～5倍，多年来，累计使用农药六六六（HCH）490多

① 《第一次全国污染源普查公报》。

② 《环境统计年报》。

万吨，比同期国际用量多3倍多；使用滴滴涕（DDT）40多万吨，占国际用量的20%。[①] 由于过度喷洒，每年使用的约30万吨农药大部分流失在环境中，每年遭受残留农药污染的作物面积达12亿亩。现在，中国养殖业每年产生几十亿吨的有机污染物，养殖污染不仅产生臭气和污粪，而且伴随大量的磷、氮以及大量有害细菌，加剧环境负荷。较之工业和城市污染，农业污染绝大部分呈面源污染特性。面源污染具有潜伏期长、空间分布广、成因复杂等因素，监测和治理难度较大，而且对食品安全、饮水安全带来的危害越来越大。可以说，农业发展产生的污染已经成为当前中国环境保护的焦点和难点问题，农业环境污染防治已经刻不容缓。党的十九大报告提出到2050年将中国建设成为富强民主文明和谐美丽的社会主义现代化强国的目标。在原有目标基础上，又增加了“美丽”一层含义。这一目标提法的改变，体现了党中央关于经济、政治、文化、社会和生态文明建设“五位一体”的总体布局，体现了新的发展理念。所以，如何通过有效的方法和途径治理与防范环境污染问题，特别是农业环境污染，成为关乎经济、社会可持续发展，强国目标能否最终实现的重要环节。

然而，在过去相当长的时期内，中国政府将环境治理和防范的工作重点放在了工业和城市，对农业环境问题的治理有所忽视。例如，《环境保护法》《水污染防治法》《大气污染防治法》等相关法律中，很少涉及农业的环境保护。但是，随着近年来农业环境污染对经济和社会发展的破坏性越来越大，中央和地方政府也逐步认识到农业环境保护的迫切性，通过一些措施和手段治理与防范了农业环境污染问题的发生，例如禁止秸秆焚烧、鼓励秸秆回田、大力兴建沼气池等。从广义上定义，这些治理和防范农业

---

① 张铁亮，高尚宾，周莉．德国农业环境保护特点与启示［J］．环境保护，2012（05）：76－79.

环境污染问题的措施和手段都可以统称为农业环境规制。进一步从环境规制工具角度进行细分，农业环境规制又可分为政策型和投资型两种，其中，投资型环境规制指的是政府将财政预算资金投入环境保护活动中，目的是为了保护和改善环境，防治环境污染、维护生态平衡，促进环境、社会和经济协调可持续发展的一项经济活动。由于涉及财政预算资金的使用，通过科学的方法对这部分资金的投资效率进行评价，并且分析如何提高农业环境规制的投资效率，将有助于提高农业环境规制中单位资金所产生的收益水平，最终使这部分政府财政预算资金更有效地被应用在治理农业环境污染问题上。

综上所述，本书以政府农业环境规制投资效率问题为研究对象，借鉴规制经济学、新制度经济学、经济地理学、投资经济学中的相关基本理论，从理论上构建中国农业环境规制的投资效率测评及空间分析框架，实证分析中国区域农业环境规制投资效率水平及其空间演变特征，旨在探究影响中国农业环境规制投资效率的深层原因，解析空间格局演变背后的驱动机制，提出提高现有农业环境规制实施效率的对策建议。希望对推进农业环境规制体系改革、提高农业环境规制效率水平、改善农业环境质量、实现农业的可持续发展提供可借鉴的理论依据和实证参考。本书的研究对于提高中国农业环境规制整体实施效果具有一定的理论意义和实践意义。

## 1.2 研究意义

### 1.2.1 理论意义

研究农业环境规制中的投资效率问题，就是从投入产出角度评价农业环境规制的实施效果。而环境规制实施效果是社会对政府环境管理行为活动的评价。环境规制的目的在于协调经济增长与环境保护之间的矛盾，实现人类社会的可持续发展，其本质就是要在降低资源消耗、提高环境资源使用效率的同时，尽量减少对环境的破坏和污染，提高环境质量，保护生态环境。一项环境规制的实施必然要考虑其成本和收益。因此，在当前农业经济整体效率水平还较低的情况下，科学合理评价农业环境规制中的投资效率水平，考察农业环境规制的实施效果显得十分必要。

关于环境规制中的投资效率评价既是理论界的一个难题，也是当前实际工作亟待解决的问题。纵观国内外学者已经发表的研究文献，取得了一定的学术成果，但仍存在一些亟待解决和思考的问题。首先，环境规制投资效率评价理论仍处于不断完善的过程中，其测度方法和影响因素选择还有待进一步考察，在投入产出指标体系构建方面有待进一步细化，研究方法还有待进一步拓展。其次，已有的关于环境规制投资效率的研究成果往往偏重于宏观定性考察，对于具体行业的环境规制投资效率的定量研究较少，而且绝大多数的研究基于工业、城市的投资效率理论与实证研究，鲜见对农业环境规制的投资效率的相关研究。特别是结合现阶段中国区域可持续发展情况的农业环境规制中的投资效率评价，尚未构建科学客观统一的评价体系。再次，鉴于农业的行业特点，传统的计量模型往往忽略了空间溢出效应对农业环境规制中的投资效率的影响，很可能造成模型估计结果出现偏差。因此，针对农业环境规制中的投资效率问题的研究需要在传统的理论机制和计量经济分析之上，考虑农业环境的空间关联性，才能更好地厘清农业环境规制中的投资效率的相互作用和影响的机理与动态机制，科学全面地反映中国农业环境规制的实际及其规律。最后，鉴于区域农业环境规制投资效率相互作用和影响的复杂性，需要综合多学科来研究，而这方面的文献还比较少见，亟待从规制经济学、新制度经济学、经济地理学和投资经济学等多学科多角度分析中国农业环境规制中的投资效率问题，以完善相关理论研究体系。

本书基于中国省级面板数据，研究结合当前中国区域可持续发展阶段特征，探讨中国区域农业环境规制投资效率的分布特点及其影响因素，通过建立科学、系统、完善的评价指标体系，运用Super-SBM方法对农业环境规制投资效率水平进行计算；运用收敛分析方法和探索式空间数据分析（ESDA）方法对中国区域农业环境规制投资效率的时序演进与空间格局分布进行分析，探究区域农业环境规制的空间溢出效应，这既是对现有理论应用范围的扩展，也有助于进一步检验和完善相关方法；鉴于农业环境规制具有相互邻近地区之间的空间溢出效应，其投资效率水平的高低也会有影响，所以，本书运用空间计量模型分析方法，避免了传统计量方法忽视区域间的空间效应所造成的模型估计结果偏误，进一步完善农业环境规制投资效率水平的空间格局分布特征和多要素驱动机制研究框架。

### 1.2.2 实践意义

本书通过建立科学的农业环境规制投资效率水平的评价指标体系，兼顾了农业环境规制中投资的成本与收益指标，对不同区域的农业环境规制投资效率水平进行科学测度，为农业环境规制政策制定者能够分析当前工作的成效和不足提供参考依据，有助于寻求规制改进的空间和制定的可能，不仅可以为环保工作的监督评估提供准确信息支持，同时也为地方政府制定农业环境规制政策提供相应参考。引入农业环境规制投资效率评价，在一定程度上避免地方政府唯国内生产总值（GDP）的政绩评判标准，可以有效推进经济结构转型升级，实现区域经济与环境的协调发展。通过运用空间分析方法和收敛分析方法，分析不同区域间农业环境规制投资效率水平的时空分布特征，探究其时空格局演变规律，有利于地方政府对于农业环境规制政策的改进调整，为实现区域可持续发展提供一定的决策和参考。

## 1.3 相关概念界定

本书涉及两个核心概念，即环境规制和其实施过程中的投资效率。本书首先对环境规制做简单梳理，进而得出环境规制投资效率的概念。

### 1.3.1 环境规制

“规制”一词源于英文中的“regulation”或者词组“regulatory constraint”，翻译后的意思是用法律、制度、政策等措施对某些行为加以约束，也可以称其为“管制”“规管”“监管”。提到规制，就不得不提到与之相关的一个概念——制度。制度经济学中一般将制度分为正式制度和非正式制度两种，其中，正式制度（formal institution）是被人为制定出来的、带有强制性的政策规则，例如政治规则、经济规则和契约等，正式制度带有明显的强制性。而规制可以被认为是制度经济学中正式制度的一种具体安排，其实施的主体一般是政府。植草益（1992）将规则区分为间接性规制和直接性规制，并进一步将直接性规制分为经济性规制（economic regulation）和社会性规制（social regulation）。他从市场失灵产生的原因入手，认为解决自然垄断和信息不对称等问题的规制是经济性规制，解决外部不经济和公共物品等问题的是社会性规制。[①] 植草益关于规制的定义陈述了规制目标是为了弥补市场失灵。

本书定义的规制概念是广义层面的概念，即认为规制是在市场经济条件下，政府机构利用国家强制权，通过一定的措施和手段对市场经济主体行为进行干预和约束，以弥补市场失灵，实现社会福利最大化。从这一定义来看，政府所有对市场经济主体行为进行干预和约束的行为，都是本书所研究的规制范畴，除了包括一般意义上规制（法律、法规等）的概念外，也包括政府通过其他手段对市场经济主体的干预和约束。进一步细化定义，根据本书关于规制的定义，规制主要涉及三部分内容，即规制主体、规制客体以及规制的措施和手段。规制主体一般指的是政府行政机关；规制客体一般指的是在市场经济条件下各类经济主体；规制措施和手段可以是市场经济条件下政府机构所制定的法律政策，约束经济主体行为，也可以是政府通过经济手段直接干预，通过“主动”投资弥补市场供给不足。

环境规制作为规制的一种，其目的是控制环境污染，保护生态环境。丹尼尔·史普博（Daniel F. Spulber，1989）按市场失灵的不同类型将规制区分为进入壁垒规制、外部性规制和内部性规制，他认为外部性规制主要是为了解决由于经济外部性引起的市场失灵问题，其中涉及污染排放的治理以及自然资源保护等问题。[②] 赵玉民等（2009）认为，环境规制是以个体或组织为对象，以环境保护为目的，以有形制度和无形意识为并存形式的一种约

---

① ［日］植草益．微观规制经济学［M］．朱绍文，译．北京：中国发展出版社，1992：22.

② ［美］丹尼尔·F．史普博．管制与市场［M］．余晖，何帆，钱家骏，等译．上海：上海三联书店，上海人民出版，1999：45.

束性力量。[①] 这一定义不仅体现了环境规制作为社会性规制所具有的约束性，同时还强调了环境规制范畴中环境意识的作用。王文普（2011）认为，环境规制是指政府机构为了保护环境而采取的对经济活动具有影响的一系列措施。这些措施具有高度的政府干预性和法律约束性，所以，可以将环境规制理解为是一种环境管理方法。[②]

结合上述学者关于环境规制的界定，本书认为，环境规制指的是以维护环境生态平衡、追求可持续发展为目的，政府机构通过运用环境规制工具而制定实施的各项政策与措施的总和。其中，环境规制工具可以包括法律约束、行政收费、环境投资等。所以，根据环境规制工具的不同，参考学者已有研究[③④]，本书进一步将环境规制划分为政策型和投资型两类。政策型环境规制是指为避免环境污染，政府采取相应的政策手段对造成污染的主体的经济行为进行规范性限制或调整，使得生态环境和经济发展相协调，主要包括环境管制、环境税费等。投资型环境规制（也可以称之为环境投资）是指政府将财政预算资金投入环境保护活动中，保护和改善环境，防治环境污染、维护生态平衡，促进环境、社会和经济协调可持续发展的一项经济活动。从定义来看，两种不同类型的环境规制针对的主要对象是不同的，所以在具体实施的过程中所涉及的成本和收益也不同。考虑到数据的可获得性，本书

---

① 赵玉民，朱方明，贺立龙. 环境规制的界定、分类与演进研究［J］. 中国人口·资源与环境，2009，19（06）：85－90.

② 王文普. 环境规制竞争对经济增长效率的影响：基于省级面板数据分析［J］. 当代财经，2011（09）：22－34.

③ Oberndorfer U., Moslener U., Böhringer, Christoph, et al. Clean and Productive? Evidence from the German Manufacturing Industry［J］. Research Policy，2008，41（02）：442－451.

④ 原毅军，刘柳. 环境规制与经济增长：基于经济型规制分类的研究［J］. 经济评论，2013（01）：27－33.

研究的主要对象是环境规制中投资型环境规制的投资效率问题，以此来评价当前中国农业环境规制的具体实施效果。

### 1.3.2 环境规制的投资效率

投资型环境规制是环境规制的组成部分之一，因为涉及政府财政预算资金的使用，有必要衡量其资金的使用效率。一般来说，环境规制的实施主体是政府，特别是投资型环境规制，政府主要通过财政资金弥补环境保护的市场供给不足。所以，有必要通过一套科学有效的方法评价并分析政府通过投资手段进行环境保护的政策实施效果。关于投资型环境规制实施效果的评价，可以通过评价其投资效率值来衡量。效率指的是投资成本和收益之间的比较。所以，环境规制投资效率评价旨在衡量环境规制中投资所产生的成本与收益的相对关系。如果一项环境规制实施后其投资产生的收益大于投资成本，则认为是有效率的，反之则认为是无效率的。其中，环境规制中的投资成本指标一般包括直接成本和间接成本，但是由于间接成本的度量和数据的收集难度较大，所以在分析环境规制投资成本中没有考虑环境规制的间接成本。因此，本书从环境规制的财力投入、物力投入和人力投入来衡量环境规制的投资成本。环境规制中的投资收益指标主要体现在由于环境规制的实施而使环境得以改善，具体通过一些污染指标的变化程度来衡量。具体的衡量指标将在本书的后续研究中进行阐述。

## 1.4 研究方法

为了保证研究的科学性、创新性与实用性，本书通过规范研究与实证检验范式相结合，采用定性分析与定量检验相结合的方法，综合多学科的内容，运用多种统计及计量分析方法，具体主要使用了以下几种方法。

（1）文献研究方法、比较分析法。对已有研究文献进行分析、对比，发现已有研究文献的逻辑分析规律，为本书研究提供文献支撑和理论依据。

（2）定性分析方法。对影响农业环境规制投资效率水平的诸多因素进行定性分析，分析各因素对农业环境规制投资效率水平的驱动机制。

（3）定量分析方法。通过多种定量分析方法，对核心内容进行了较为全面的研究，其中包括：运用Super-SBM模型评价不同区域农业环境规制投资效率水平；运用收敛性方法对农业环境规制投资效率水平进行检验，以探究其时间分布特征；运用空间自相关检验分析农业环境规制投资效率水平的空间分布特征；运用空间计量模型研究影响农业环境规制投资效率水平的因素。

## 1.5 研究思路与内容概要

### 1.5.1 研究思路

本书将规范分析与实证分析、定性分析与定量分析相结合，综合运用了规制经济学、新制度经济学、经济地理学、投资经济学中的基本理论与方法，遵循从理论到实际的分析思路，以实现中国区域农业的可持续发展为基本目标，以农业环境规制投资效率问题为研究对象，最终目的是提高中国农业环境规制的实施效果。首先，运用规范分析方法对农业环境规制进行了系统的理论分析，通过分析回答了什么是农业环境规制，为什么要实施农业环境规制，农业环境规制投资效率的评价以及农业环境规制投资效率的空间效应等问题。其次，通过实证分析对现行农业环境规制投资效率进行了全面评价，在效率评价的基础上，从时空分布特征、格局演变的视角重新分析了农业环境规制投资效率，并对其时空演变格局背后的影响因素进行了研究。最后，在上述分析的基础上提出提高农业环境规制实施效果的对策建议。

### 1.5.2 技术路线

遵循以上研究思路，本书将按照图 1－1 所示的技术路线展开。

第一，梳理分析国内外现有研究文献关于农业环境规制投资效率相关方面的研究成果，并在此基础上提出本书的研究视角。

第二，运用适当方法，测算 2005 年以来中国整体以及省级的农业环境规制投资效率水平，在发现农业环境规制投资效率水平变化趋势的同时，也为后面分析农业环境规制中的投资效率时空分布特征提供基础。

第三，运用收敛性分析和 ESDA-GIS 模型，分别对中国整体和省级农业环境规制投资效率的时间和空间分布特征进行分析，发现现阶段中国农业环境规制投资效率低下的问题。

第四，针对第三点发现的问题，运用空间计量模型全面系统分析影响农业环境规制投资效率水平的主要影响因素以及这些因素的影响机制、方式和可能结果，为后面提出对策建议提供数据和理论支撑。

第五，结合上述研究成果，提出提升中国农业环境规制投资效率的政策选择。

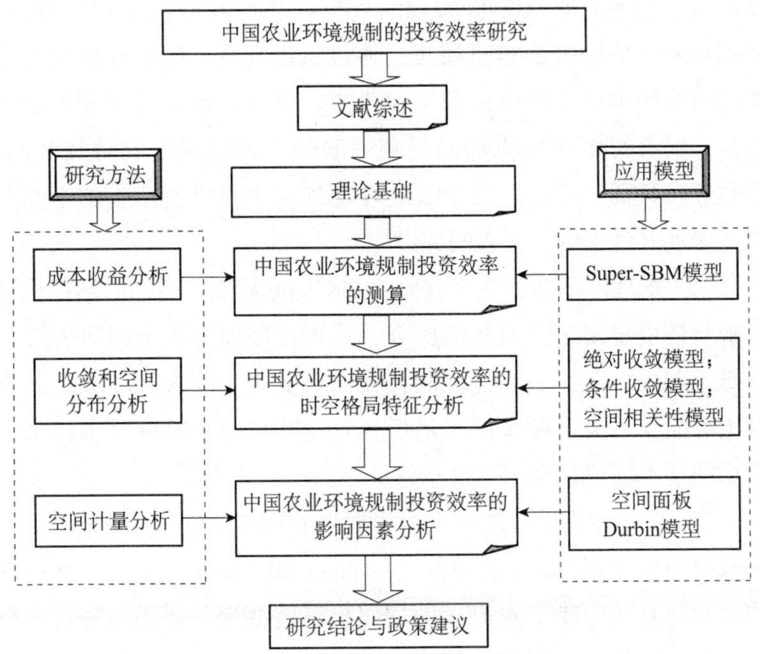


**图1－1　本书研究的技术路线**

### 1.5.3　研究主要内容

本书共分为7章，具体研究内容和结构安排如下。

第1章导论。本章结合时代背景明确选题，提出研究所要分析的问题，阐明本书所研究的背景、研究意义、相关概念界定、研究内容、研究思路和方法，提出本书的创新点与不足之处。

第2章文献综述。通过系统梳理国内外有关环境规制效率问题的研究文献，发现现有研究文献的主要侧重点以及研究不足，探寻本书研究的切入点。国外文献主要从环境规制必要性及工具选择、环境规制成本、环境规制收益等方面进行梳理；国内文献主要从基于成本—收益分析的规制评价、环境规制投资效率评价、环境规制效应等方面进行梳理。通过梳理发现：现有环境规制效率的研究样本多以城市或者工业为主，涉及农业环境规制的研究较少；鲜有对农业环境规制投资效率的系统测算以及对其时间、空间分布特征的研究；关于农业环境规制中投资所产生的空间作用并未展开过细致、深入的探讨。

第3章理论基础。在现有研究文献的基础上，总结归纳国内外学者对环境规制相关问题的研究，从理论层面为本书的研究提供支撑。首先，论述了环境规制存在的必要性。其次，环境规制自身也可能存在失灵的情况。最后，农业环境规制投资效率评价应遵循的基本原理是成本—收益分析。

第4章中国农业环境规制投资效率的测算。首先，确定了测算环境规制投资效率的评价方法——Super-SBM方法。其次，从成本和收益两方面构建了农业环境规制投资效率评价体系。最后，分别选取全国和地方层面的数据，对中国整体、区域的农业环境规制投资效率时间动态趋势分别进行分析。结果显示，从整体来看，2005~2015年，中国农业环境规制投资效率均值为0.67，一直在较低效率水平上徘徊，基本上呈现出波动中上升的态势。从区域来看，东部、中部、西部和东北部地区四大区域的农业环境规制投资效率水平则呈现不同程度的差异性，东北地区和东部地区的农业环境规制投资效率水平在样本考察期间均处于相对有效状态，且呈总体向好趋势，中西部地区的农业环境规制投资效率整体处于中下游水平。

第5章中国农业环境规制投资效率的时空格局特征分析。在农业环境规制投资效率测算的基础上，进一步考察了地区间农业环境规制投资效率差距的动态演变规律，系统地分析了农业环境规制投资效率的全局空间相关性和局部空间关联性，从省域层面更加系统地研究农业环境规制投资效率水平区域差异和集聚水平动态变动趋势，细致研究区域间的空间溢出效应与空间模仿行为。主要得出的结论如下：时间层面，中国农业环境规制投资效率不存在绝对收敛，也不存在随机收敛，但全国范围内和四大区域内部的农业环境规制投资效率表现出了条件收敛的趋势，这说明中国地区间农业环境规制投资效率的差异水平不会无条件地自动消失，区域间农业环境规制投资效率的差距将会一直长期的客观存在。空间层面，中国农业环境规制投资效率水平的LISA显著性越来越明显，而且这种空间集聚的分布特征在2010年之后表现得更为突出，其中，东北地区和部分东部地区省份的空间属性均为高—高集聚，中部地区较多省份为低—低集聚区域，而西部地区则更多地表现为高—低集聚、低—高集聚或者LISA不显著。

第6章中国农业环境规制投资效率的影响因素分析。将理论剖析与实证检验相结合，在前面空间联系性检验的基础上，采用空间计量模型对中国区域农业环境规制投资效率的空间格局演变的影响因素及驱动机制进行分析，重点考察了农业经济发展水平、农业产业结构、农业对外开放水平、农业固定资产投资、农业人力资本、农业市场化水平和空间地理等因素对农业环境规制投资效率是否会产生显著性影响，以及这些因素的影响方向和机理，从而根据实证结果为农业环境规制的制定提供客观依据，促进农业健康可持续发展。

第7章研究结论与政策建议。本章第一部分是对全书的研究结论做出简要的总结；第二部分根据全书的理论与实证研究结果提出相应的政策建议。根据前面的理论与实证分析，分别从结合农业政策型环境规制、实现农业供给端发展模式升级、优化农业财政补贴政策、协调区域农业环境规制政策、合理运用政府农业环境规制投资五个方面，为规制部门改进环境规制政策、提高农业环境规制的实施效果提出了政策性的建议，希望对政府的农业环境保护工作有一定的帮助。最后对有待进一步解决的问题及未来研究中需要努力的方向进行展望。

## 1.6 创新与不足

### 1.6.1 主要创新点

本书在已有研究的基础上，在指标体系和理论分析框架方面进行了一定的创新。

（1）已有文献关于农业环境规制投资效率的定量研究较少，本书通过构建指标评价体系，从投入和产出两个角度评价农业投资型环境规制的成本和收益，并据此衡量农业环境规制投资效率水平。

（2）本书构建了农业环境规制投资效率时空演变的理论分析框架，并且通过收敛模型和空间计量模型对农业环境规制投资效率的时空演变格局进行了实证检验，发现农业环境规制投资效率在时间上具有条件收敛性，在空间上存在模仿效应和集聚效应，为政策建议提供了实证依据。

### 1.6.2 存在的不足

本书可能的不足主要体现在以下方面。

（1）目前尚缺乏对农业污染的官方统计数据，因此，本书基于清单分析方法对省级区域农业面源污染的估算有可能存在一定的误差，需要更准确的我国农业污染核算方法和依据。

（2）由于农业环境规制投资效率评价的复杂性，研究中难免会出现未考虑到的因素，进而会对农业环境规制的投资效率评价产生影响。

（3）囿于实证数据的可得性，在对区域农业环境规制投资效率影响因素的分析中，财政支农水平等部分变量采用代理变量的形式，可能会对估计结果产生一定影响。

# 第2章　文献综述

环境规制是社会性规制的重要组成部分（植草益，1992）。较早对规制的研究可以被认为是环境规制早期研究基础。早期关于规制的研究文献主要包括三个核心内容，分别是规制代表的利益主体、规制形成的原因以及实施规制的工具。而现代关于规制的研究更多地集中于如何有效制定并实施规制。特别是随着传统规制理论向现代规制理论的演变，社会性规制涉及的领域也随之不断扩大，规制原则也更具市场性。1970年成立的美国国家环境保护局（U. S. Environmental Protection Agency，USEPA）和1973年成立的联合国环境规划署（United Nations Environment Programme，UNEP），使得全世界关于社会性规制研究开始关注环境、健康、安全等领域，学术界关于环境规制的研究文献开始大量涌现。

## 2.1　国外研究综述

从西方国家的发展过程来看，关于规制的运用实际上是一个规制和放松规制相互交替的动态演进过程，并且围绕“为什么规制”和“如何规制”两个核心问题，西方学者展开了广泛的争论。

“为什么规制”是为了解释规制存在的必要性和合理性。“如何规制”是为了解释怎样才能有效地实现规制。

### 2.1.1　环境规制必要性及工具选择

学者关于规制存在的必要性和合理性进行了广泛的讨论，形成了规制的“公共利益理论”和“部门利益理论”两个相互“对立”的理论派系。公共利益理论学派认为，市场失灵是政府实行规制的主要原因，规制的目的是克服市场失灵，实现公共利益最大化。因此，在自然垄断、经济外部性（环境规制的主要原因）、公共物品供给、信息不对称等问题存在时，政府通过规制手段实施干预。公共利益理论学派代表人物包括巴里·米特尼克（Barry M. Mitnick）、史蒂芬·布雷耶（Stephen G. Breyer）、植草益等。与之观点相反的部门利益理论学派则认为，一项规制的实施并不是政府应对市场失灵而采取的一种手段，而是某些产业利益主体自己争取来的，目的是为受规制保护的产业利益服务，并且主张取消规制。乔治·斯蒂格勒（George J. Stigler）①、理查德·波斯纳（Richard A. Posner）②、萨姆·佩尔兹曼（Sam Peltzman）③、维斯卡西（Viscusi）④等都是部门利益理论的代表人物。环境规制是社会性规制的重要组成部分，规制的相关理论自然也适用于环境规制。

---

① Stigler G. J. The Theory of Economic Regulation [J]. Bell Journal of Economics & Management Science, 1971, 2 (01): 3-21.

② Posner R. A. Taxation by Regulation [J]. Bell Journal of Economics & Management Science, 1971, 2 (01): 22-50.

③ Peltzman S. The Effects of Automobile Safety Regulation [J]. Journal of Political Economy, 1975, 83 (04): 677-725.

④ Viscusi, Kip W. Economics of Regulation and Antitrust /-3rd ed [M]. Economics of Regulation and Antitrust. MIT Press, 2000.

其中，经济外部性问题解释了环境规制为什么存在，本书将在第3章理论部分做重点阐述。

环境规制对于微观企业的创新能力也有积极的影响。20世纪90年代初，迈克尔·波特（Michael E. Porter，1991）较早提出了“波特假说”，波特认为，实施特定的环境规制能够促使企业提升创新能力，在提升企业生产力的同时，以此能够抵消部分环境规制的实施成本，并且提升企业在市场上的盈利能力。这是“波特假说”一般性的逻辑链条。从这一逻辑链条来看，主要有两个环节，第一个环节是环境规制对于企业创新活动的影响，第二个环节是由于企业创新所带来的生产力的提高能否弥补实施环境规制的成本。贾菲和帕尔默（Jaffe and Palmer，1997）在波特研究的基础上，提出了“弱波特假说”和“强波特假说”，同时又提出了“狭义波特假说”，认为实施一项较为灵活的环境规制效果明显优于强制性的环境规制的效果。① 赵欣和孙博文（2016）从实证上对“波特假说”进行了检验，他们以2007~2012年中国污染密集型企业为样本，证明了环境规制对企业创新能力的提升具有显著的正向影响，对企业竞争力有不显著的负面影响。从区域差异来看，东部地区和中部地区符合“弱波特假说”，即东部地区和中部地区环境规制确实对企业创新活动有积极影响，而西部地区则表现为不显著。东部地区可以形成较高的资产回报率（ROA）和国内生产总值（GDP），不是因为高能耗和环境污染，而是因为研发支出的转化率高。而对于中部地区来说，更多的是因为政府给予企业

① Jaffe A. B., Palmer K. Environmental Regulation and Innovation: A Panel Data Study [J]. Review of Economics & Statistics, 1997, 79 (04): 610-619.

的财政补贴和纳税返还。① 所以，“波特假说”也为环境规制的必要性提供了很好的解释。

对于如何实施规制这一问题，可以理解为选择什么样的工具实现环境规制的目标。从现有的研究成果来看，环境规制的主要实施工具有两大类，即“命令—控制”型环境规制工具（标准规制）和“市场—激励”型环境规制工具（排污费、可交易排污许可证、政府补贴、押金返还等）。大量的研究文献都认为，基于“市场—激励”型环境规制工具比“命令—控制”型在成本节约和激励技术进步方面有巨大的优势。在成本节约方面，威廉·鲍莫尔和华勒斯·奥茨（William J. Baumol and Wallace E. Oates，1988）认为，“市场—激励”型环境规制工具能以最低的成本实现任意期望水平的排污量。阿特金森和刘易斯（Atkinson and Lewis，1974）②、塞斯金等（Seskin et al.，1983）③、奥茨和麦加特兰（Oates and Mcgartland，1985）、泰坦伯格（Tietenberg，2003）④ 分别通过实证研究，证明如果达到同样标准的环境要求，“命令—控制”型环境规制工具产生的成本要比“市场—激励”型环境规制工具多出几倍甚至十几倍。在技术激励方面，鲍莫尔和奥茨

---

① Zhao Xin, Sun Bowen. The Influence of Chinese Environmental Regulation on Corporation Innovation and Competitiveness [J]. Journal of Cleaner Production, 2016, 112 (04): 1528 - 1536.

② Atkinson S. E., Lewis D. H. A Cost-Effectiveness Analysis of Alternative Air Quality Control Strategies [J]. Journal of Environmental Economics & Management, 1974, 1 (03): 237 - 250.

③ Seskin E. P., Jr R. J. A., Reid R. O. An Empirical Analysis of Economic Strategies for Controlling Airpollution [J]. Journal of Environmental Economics & Management, 1983, 10 (02): 112 - 124.

④ [美] 汤姆·泰坦伯格. 环境与自然资源经济学 [M]. 严旭阳，等译. 北京：经济科学出版社，2003.

(1988) 和马鲁格 (Malueg, 1989)[①] 认为, "市场—激励" 型环境规制工具更能刺激排污者创新现有污染控制技术, 进而降低排污成本, 在同行业其他竞争者的竞争中占据优势地位。

虽然 "市场—激励" 型环境规制工具在成本节约和技术激励等方面具有一定优势, 但是在实际中, 政府环境规制机构在选择具体措施时, 会兼顾效率、可行性、公平分配等要求, 一般会采取两种工具组合使用, 在环境规制的具体实施过程中, 根据具体情况选择最佳的规制工具。

### 2.1.2 环境规制的成本

既然环境规制有其必要性, 那么如何评价一项环境规制是否有效则关乎环境规制成功与否。国外大量学者开始尝试运用费用—收益分析法进行衡量。维斯卡西 (Viscusi, 1994)[②]、马修·阿德尔和埃里克·波斯纳 (Matthew Adler and Eric A. Posner, 2000)[③]、罗伯特·哈恩 (Robert W. Hahn, 2000)[④] 都认为, 在提高环境质量的过程中, 运用费用—收益分析法是必要的。这一分析方法将市场资源的配置原则引入了政府公共政策领域, 可以解释现有政策是否有效。凯斯·桑斯坦 (Cass R. Sunstein, 1996) 对美国相关规制法律进行了评价, 认为将费用—收益分析引入环境规制, 将是

---

① Malueg D. A. Emission Credit Trading and the Incentive to Adopt New Pollution Abatement Technology [J]. Journal of Environmental Economics & Management, 1989, 16 (01): 52-57.

② Viscusi W. K. Mortality Effects of Regulatory Costs and Policy Evaluation Criteria [J]. Rand Journal of Economics, 1994, 25 (01): 94-109.

③ Adler M. D., Posner E. A. Implementing Cost-Benefit Analysis when Preferences are Distorted [J]. Journal of Legal Studies, 2000, 29 (S2): 1105-1147.

④ Hahn R. W. The Impact of Economics on Environmental Policy [J]. Journal of Environmental Economics & Management, 2000, 39 (03): 375-399.

环境规制程序的一次深刻的变革。所以，关于规制成本和收益的研究文献自然成为规制效率评估的基础。

正是由于外部性的存在，导致环境规制的成本和收益不能像私人成本和收益容易衡量。庇古（Pigou，1920）在《福利经济学》中就以火车溅出火花的事例分析外部性问题。在分析中，他描述了这样一个事例，就是火车溅出火花引发周围火灾却不赔偿。进而庇古界定了私人成本和社会成本，证明正是由于外部性的存在，导致私人成本和社会成本的不一致性，并提出对施害方征税（环境规制的一种）可以解决外部性问题。① 斯蒂格勒（Stigler，1971）按照福利经济学理论，将规制成本分为服从成本（compliance cost）和实施成本（enforcement cost），并且认为规制收益可以通过消费者剩余和生产者剩余总量的变化来表示，定义规制绩效是规制收益与成本的差额。斯蒂格勒关于规制效率的理解体现了成本—收益分析的基本原理，是评价规制效率一种行之有效的方法。但是，由于消费者剩余和生产者剩余很难估计，所以在衡量规制收益方面存在一定难度。② 美国大法官史蒂芬布雷耶（Stephen Breyer，1982）指出，由于美国联邦政府出台的《清洁空气法》等环境保护法律法规，全社会每年在法律遵循等方面会增加数十亿美元的费用，同时，也会使得企业产量、技术个性和市场竞争的减少，进而产生一定的间接成本。③ 植草益（1990）认为，除了制定和执行规制产生的直接成本外，规制间接造成企业成本增加部分和规制者本身的寻租成本等都应纳入规制成本中。美国预算和管理办公室（OIRA，2001）细化了规制的成本和收益，规制成本

① ［英］A. C. 庇古. 福利经济学［M］. 朱泱，等译. 北京：商务印书馆，2006.

② Stigler G. J. The Theory of Economic Regulation［J］. Bell Journal of Economics & Management Science，1971，2（01）：3－21.

③ Breyer，Stephen G. Regulation and its Reform［M］. Harvard University Press，1982.

包括直接成本和间接成本。直接成本即联邦政府的预算资金，间接成本是在没有联邦预算拨款的情况下，执行和服从联邦规章的成本。萨蒂什乔希等（Satish Joshi et al.，2001）将环境规制成本分为显性成本和隐性成本，其中，显性成本指的是企业会计科目用于环保部分的成本，隐性成本则“隐藏”在其他的会计科目中，并以55钢厂作为样本，计算其隐性成本，结论是每增加1美元显性成本，总成本会增加10~11美元，9~10美元是隐性成本。[①] 莱特等（Leiter et al.，2011）在研究环境规制与工业投资的关系时，以工业在环境保护上的经常性支出和国家工业部分环境税收来衡量环境规制的成本。[②]

从现有研究来看，多数是以政府为研究对象，也有以企业为研究对象的。无论研究对象是什么，基本研究思路都是从直接成本和间接成本两个角度定义环境规制的成本。政府实施环境规制的直接成本多数是以财政预算资金的投入来衡量，间接成本则是指由于一项环境规制的实施而产生的额外的资金投入，包括一些执行成本、服从成本等。同样，企业关于环境规制成本的划分大致也可遵循这种方式，即直接成本是企业在环境保护方面的相关投入，间接成本是由于环保要求而使企业生产效率产生的一定损失。本书在概念界定中将环境规制分为政策型和投资型环境规制两种，而投资型环境规制就是指政府运用财政预算资金保护和改善环境，防治环境污染、维护生态平衡，促进环境、社会和经济可持续和协调发展的一项经济活动。所以，在计算环境规制投资效率时，应该主要考虑环境规制实施过程中直接成本部分。

---

① Joshi S., Krishnan R., Lave L. Estimating the Hidden Costs of Environmental Regulation [J]. Accounting Review, 2001, 76 (02): 171-198.

② Leiter A. M., Parolini A., Winner H. Environmental Regulation and Investment: Evidence from European Industry Data [J]. Ecological Economics, 2011, 70 (04): 759-770.

### 2.1.3 环境规制的收益

根据本书研究的设计思路，衡量环境规制的投资效率水平，除了科学合理地界定环境规制的投资成本，还要对环境规制产生的收益水平进行有效计算。这样，根据费用—收益分析的评价模型，就可以计算出环境规制投资效率水平，并且通过不同地区相互之间的比较，可以判断哪些地区环境规制投资效率水平较高，哪些地区较低。从已有国外研究文献来看，关于环境规制收益的研究也主要基于直接收益和间接收益两个视角。

（1）直接收益。环境规制的收益主要体现在环境污染排放的减少，具体指标包括污染物排放的数量、强度、持续时间等。马加特和维斯卡西（Magat W. A and Viscusi W. K，1990）通过计量方法研究分析，结果表明，美国政府的环境规制使造纸企业的污染排放量降低20%以上。① 帕纳亚图（Panayatou，1994）通过分析1982～1994年30个发达国家和发展中国家的数据，发现不管是发达国家还是发展中国家，环境规制能够有效减少由于二氧化硫引起的环境退化，改善环境质量，并证实环境库兹涅茨曲线。②③美国

① Magat W. A.，Viscusi W. K. Effectiveness of the EPA's Regulatory Enforcement：The Case of Industrial Effluent Standards［J］. Journal of Law & Economics，1990，33（02）：331－360.

② 1955年，库兹涅茨界定人均收入与收入不均等之间的倒U型曲线，并首次将这种描述环境质量与经济发展水平（人均收入）间的倒U型关系称为环境库兹涅茨曲线（EKC），即：当一个国家经济发展水平较低的时候，环境污染的程度较轻，随着人均收入的增加，环境污染由低趋高，环境恶化程度随经济的增长而加剧；当经济发展达到一定水平，到达某个临界点或称“拐点”以后，随着人均收入的进一步增加，环境污染又由高趋低，其环境污染的程度逐渐减缓，环境质量逐渐得到改善。

③ Panayotou T. Conservation of Biodiversity and Economic Development：The Concept of Transferable Development Rights［J］. Environmental & Resource Economics，1994，4（01）：91－110.

环境保护署在1997年的回顾性研究报告中对1970～1990年《清洁空气法案》对公共健康、经济增长、环境、就业、生产率等影响进行了成本与收益分析。报告指出，美国二氧化硫的排放量比没有规制条例状态下少40%、氮氧化物少30%、一氧化碳少50%，可减少870万急性支气管炎患者。加塔莱和海明（Bhattarai and Hammig，2001）以拉丁美洲、亚洲和非洲的66个国家作为研究样本，分析环境规制对于森林采伐行为产生的影响，研究结果表明，环境规制可以起到约束森林采伐行为的作用，相对于没有环境规制的约束，森林覆盖率在环境规制的作用下得到了较大提高。[①] 格林斯通（Greenstone，2004）检验了1970年《清洁空气法案》和1990年《清洁空气修正案》对于空气中二氧化硫浓度的影响。[②] 奥弗哈默等（Auffhammer et al.，2007）通过研究1990～2005年美国空气中可吸入颗粒物（PM10）浓度，分析实施《清洁空气修正案》所产生的收益。[③] 研究结果显示，环境规制的实施均对空气污染物的排放产生了一定的抑制作用。

（2）间接收益。关于环境规制间接收益的研究，主要集中在环境规制对于经济效率的影响，存在两种主流观点。有的学者认为，环境规制对经济效率的影响是负面的，其主要观点就是环境规制可能导致企业生产成本的增加，降低生产效率。例如，史蒂

---

① Bhattarai M.，Hammig M. Institutions and the Environmental Kuznets Curve for Deforestation：A Crosscountry Analysis for Latin America，Africa and Asia［J］. World Development，2004，29（06）：995－1010.

② Greenstone，M. Did the Clean Air Act Cause the Remarkable Decline in Sulfur Dioxide Concentrations?［J］. Journal of Environmental Economics and Management，2004，47（03）：585－611.

③ Auffhammer Maximilian，Bento Antonio M.，Lowe Scott E. Measuring the Effects of Environmental Regulations：The Critical Importance of a Spatially Disaggregated Analysis［J］. Working Papers，2007，127019.

芬斯和丹尼森（Stephens and Denison，1981）以1972～1975年美国的劳动生产率为样本，对环境规制与劳动生产率的关系进行了研究，结果表明，由于环境规制的实施，美国整体的劳动生产率水平下降了16%。①戈略和罗伯特（Gollo and Robert，1983）②、乔根森和威尔科克森（Jorgenson and Wilcoxen，1990）③、巴伯拉和麦康奈尔（Barbera and McConnel，1990）④、迪安和布朗（Dean and Brown，1995）⑤、钦特卡恩（Chintrakarn，2008）⑥ 等均以美国经济作为研究样本，认为环境规制会改变企业原有的生产技术和生产流程，导致企业增加额外的生产成本，最终降低企业自身生产率以及整体国民经济的运行效率。戈略和罗伯特（1983）、格雷（Gray，1987）、乔根森和威尔科克森（1990）的研究还计算出由于环境规制的影响导致生产效率值降低的幅度。例如，戈略和罗伯特通过研究测算了1973～1979年，限制二氧化硫排放政策对于美国电力产业的影响，发现这一期间美国电力产业的生产率水平实际下降了0.59%。格雷以1958～1978年美国450个制造业样本

① Stephens J. K., Denison E. F. Accounting for Slower Economic Growth: The United States in the 1970s [J]. Southern Economic Journal, 1981, 47 (04): 1191－1193.

② Gollop F. M., Roberts M. J. Environmental Regulations and Productivity Growth: The Case of Fossil-Fueled Electric Power Generation. [J]. Journal of Political Economy, 1983, 91 (04): 654－674.

③ Jorgenson D. W., Wilcoxen P. J. Environmental Regulation and U. S. Economic Growth [J]. Rand Journal of Economics, 1990, 21 (02): 314－340.

④ Barbera A. J., Mcconnell V. D. The Impact of Environmental Regulations on Industry Productivity: Direct and Indirect Effects [J]. Journal of Environmental Economics & Management, 1990, 18 (01): 50－65.

⑤ Dean, T. J., & Brown, R. L. Pollution Regulation as a Barrier to New Firm Entry: Initial Evidence and Implications for Future Research [J]. Academy of Management Journal, 1995, 38 (01), 288－303.

⑥ Chintrakarn P. Environmental Regulation and U. S. States' Technical Inefficiency [J]. Economics Letters, 2008, 99 (03): 363－365.

为研究对象，主要研究美国职业安全与健康管理局（OSHA）的工人健康与安全的规制以及环境保护署（EPA）的环境规制对于生产率的影响，发现由于这些规制的存在，生产率出现了30%的下降幅度。① 乔根森和威尔科克森通过研究1973～1985年的美国经济数据后发现，由于环境规制所造成的额外的企业生产经营成本和污染治理负担，导致美国GNP在这段时期内降低了2.59%。同样的研究结果也在德国康拉德和瓦斯特尔（Conrad and Wastl，1995）②、加拿大拉诺伊等（Lanoie et al.，2008）③、墨西哥阿尔派等（Alpay et al.，2002）④、中国徐锦涛等（Xu Jintao et al.，2000）⑤、西班牙桑乔等（Sancho et al.，2000）⑥ 等国家的学者中得到了证明。

但是，也有许多学者提出环境规制可以提高经济效率，最早提出这一观点的是迈克尔·波特（Michael E. Porter，1991）。波特从大量案例分析中观察到环境规制可以提高经济效率，指出环境规制虽然会使企业的成本增加，但是合理设置的环境规制政策，

---

① Gray W. B. The Cost of Regulation：OSHA，EPA and the Productivity Slowdown [J]. American Economic Review，1987，77（77）：998－1006.

② Conrad K.，Wastl D. The Impact of Environmental Regulation on Productivity in German Industries [J]. Empirical Economics，1995，20（04）：615－633.

③ Lanoie P.，Patry M.，Lajeunesse R. Environmental Regulation and Productivity：Testing the Porter Hypothesis [J]. Journal of Productivity Analysis，2008，30（02）：121－128.

④ Alpay E.，Buccola S.，Kerkvliet J. Productivity Growth and Environmental Regulation in Mexican and U. S. Food Manufacturing [J]. American Journal of Agricultural Economics，2002，84（04）：887－901.

⑤ Xu，J.，Hyde，W. F.，& Amacher，G. S. China's Paper Industry：Growth and Environmental Policy during Economic Reform [J]. Journal of Economic Development，2000，28（01）：49－79.

⑥ Sancho F. H.，Tadeo A. P. Martinez E. Efficiency and Environmental Regulation. An Application to Spanish Wooden Goods and Furnishings Industry [J]. Environmental and Resource Economics，2000，15（04）：365－378.

能够激励企业进行技术创新，以想尽办法减少成本，从而产生“创新补偿”作用。而这种“创新补偿”的收益可以超过由环境规制带来的规制成本，获得产业的经济效率和环境效率两方面改进，并在国际市场上获得“先动优势”，进一步提高产业的国际竞争力。因为波特最早提出该观点，故该观点被命名为“波特假说”。波特和林德（Porter and Linde，1995）对“波特假说”进行完善，对环境规制通过促进技术创新进而提升企业竞争力的作用机理进行了阐述。① 前面已经阐述，贾菲和帕尔默将“波特假说”分为“弱波特假说”“强波特假说”“狭义波特假说”，他们在此基础上又提供了实证检验，以美国1975~1991年制造业为研究样本，发现环境规制与企业的研发支出存在显著的正向影响，计算出企业每增加1%的污染治理支出，研发支出将相应增加0.15%。②

关于“波特假说”，很多学者都给予了支持，在“弱波特假说”的证明方面，兰乔和莫迪（Lanjouw and Mody，1996）利用美国等3个发达国家污染治理支出与环境专利数量的数据，对环境规制与技术创新之间关系进行了实证分析，认为环境规制会促进企业技术创新，但是这种创新行为会有1~2年的滞后性。③ 布伦纳迈尔和科恩（Brunnermeier and Cohen，2003）则利用1983~1992年美国制造业140多家企业为研究样本，计算得出污染治理成本每增加100万美元，环境专利数量会增加0.04%，两者间存在较小但统计

① Porter M. E., Linde C. V. D. Toward a New Conception of the Environment-Competitiveness Relationship [J]. Journal of Economic Perspectives, 1995, 9 (04): 97-118.

② Jaffe A. B., Palmer K. Environmental Regulation and Innovation: A Panel Data Study [J]. Review of Economics & Statistics, 1997, 79 (04): 610-619.

③ Lanjouw J. O., Mody A. Stimulating Innovation and the International Diffusion of Environmental Responsive Technology [J]. Research Policy, 1996, 25 (04): 549-571.

显著的正相关关系。[①] 斯凯凡等（Stefan et al.，2013）也认同“波特假说”，认为环境规制的确可以促使企业技术创新，并最终实现企业竞争力的提高。[②]

在“强波特假说”的证明方面，多马斯利克和韦伯（Domazlicky and Weber，2004）对美国1988～1993年化工产业生产率进行实证分析，结果发现，在满足一定的条件下，环境规制可能成为企业生产率提升的主要原因。[③] 浜本（Hamamoto，2006）则以日本制造业为研究对象，发现环境规制强度显著提高制造业的生产率水平。[④] 伯曼和布伊（Berman and Bui，2008）分析了空气质量规制对美国洛杉矶地区石油冶炼业生产率的影响，得出环境规制对该产业生产率有正的影响。[⑤]

环境规制除了对经济效率产生间接影响外，还存在一些其他的间接收益。本托（Bento A.，2013）在研究中提出，应该更多地关注环境政策的空间和社会经济影响。[⑥] 本托等（Bento A. et al.，2015）对美国《清洁空气修正案》的研究结论与传统观点不同，

---

① Brunnermeier S. B.，Cohen M. A. Determinants of Environmental Innovation in US Manufacturing Industries [J]. Journal of Environmental Economics & Management，2003，45（02）：278－293.

② Stefan V.，Dirk R. Decisions on Investments in Photovoltaics and Carbon Capture and Storage：A Comparison between Two Different Greenhouse Gas Control Strategies [J]. Energy，2013（62）：385－392.

③ Domazlicky B. R.，Weber W. L. Does Environmental Protection Lead to Slower Productivity Growth in the Chemical Industry? [J]. Environmental & Resource Economics，2004，28（03）：301－324.

④ Hamamoto M. Environmental Regulation and the Productivity of Japanese Manufacturing Industries [J]. Resource & Energy Economics，2006，28（04）：299－312.

⑤ Berman E.，Bui L. T. Environmental Regulation and Productivity：Evidence from Oil Refineries [J]. The Review of Economics and Statistic，2001，88（03）：498－510.

⑥ Bento A. M. Equity Impacts of Environmental Policy [J]. Annual Review of Resource Economics，2013，5（05）：181－196.

认为美国《清洁空气修正案》是具有进步性的，支出最大的受益者就是收入分配最低的1/5的家庭，因为环境改善使得他们的房屋价格得到升值，这部分收益是收入分配最高的1/5的家庭的两倍。[①] 这一研究也说明了环境规制的外部经济性效应。这些研究也可体现出环境规制的间接收益。纳索等（Naso et al.，2017）以中国氨气、造纸、水泥等工业为样本，检验环境规制与工业生产率和竞争性的关系，发现“强波特假说”并不显著存在。但是，环境规制可以在空间上重新分配生产力，因为位于新兴城市的受规制行业的生产率相对于其他城市有明显提高，可以缩小区域间生产率间的差距。[②]

从国外现有研究来看，环境规制产生的最为直接的收益是环境污染物排放的降低。除此之外，环境规制的实施还可以在一定程度上提升居民的生活质量，特别是政府在农业基础设施方面建设资金的投入，可以更加完善农村居民的生活质量。所以，在评价环境规制投资效率水平时，也应重点考虑环境规制产生的直接收益。

## 2.2 国内研究综述

近年来，西方环境规制的研究结果和实践经验陆续被应用到国内环境规制的研究中，国内学者的研究主要围绕建立符合中国

---

① Bento A., Freedman M., Lang C. Who Benefits from Environmental Regulation? Evidence from the Clean Air Act Amendments [J]. Review of Economics & Statistics, 2015, 97 (03): 610-622.

② Naso P., Yi Huang, Tim Swanson. The Porter Hypothesis Goes to China: Spatial Development, Environmental Regulation and Productivity [J]. Cies Research Paper, 2017: 53.

国情的环境规制效率的评价方法和体系、环境规制效率的测评以及其影响因素这几方面展开。

### 2.2.1 基于费用—收益分析法的规制评价

随着研究的不断深入，美国、英国、欧盟、日本等国家在规制上的一些先进经验开始陆续被国内学者研究。宇燕和席涛（2003）全面介绍了美国规制效率评价的费用—收益分析方法，在此基础上，对在中国建立规制评价的费用—收益分析制度提出了政策建议。① 张会恒（2005）主要阐述了英国政府监管影响评价体系，特别是对英国政府规制的影响评价经验进行了详尽的分析，从确立规制影响评价的法律地位等方面提出了相关政策建议。② 席涛（2007）总结了美国、欧盟和经合组织监管影响评估分析，发现在一些国家建立了从提出议案、制定法律法规到事后评估的监管影响评估分析制度，运用费用—收益分析或成本有效性分析的方法，评估法律法规对经济、社会和环境的影响，旨在提高监管效率。这些有效措施都是当时中国国内所缺少的。③张曦（2013）通过对美、日两国社会性规制演变及改革历程的梳理，得出提高社会性规制效率的一些经验措施，其中就包括注重规制政策的评估，引入以费用—收益分析为核心的规制效率评价体系。④

---

① 宇燕，席涛．监管型市场与政府管制：美国政府管制制度演变分析［J］．世界经济，2003（05）：3－26.

② 张会恒．英国的规制影响评估及对我国的启示［J］．经济理论与经济管理，2005（01）：74－75.

③ 席涛．政府监管影响评估分析：国际比较与中国改革［J］．中国人民大学学报，2007（04）：16－24.

④ 张曦．发达国家提高社会性规制绩效的路径分析——以美日两国为例［J］．经济师，2013（10）：64－65，69.

国外文献对于规制的研究，无非是想通过一些必要的措施，提高规制的效率水平，提升规制执行效率，所采用的基本思路是基于费用—收益分析，通过比较规制的成本和收益来判断规制效率水平。国内学者也基本沿用了这种分析模式。例如，薛姗姗等（2008）对环境规制评估方法从指标法和费用—收益分析法两个角度分类总结，并认为费用—收益分析法可以通过更为直观的货币值衡量规制的收益，通过与费用比较得出环境规制的效率值 。① 樊慧玲（2009）对规制费用和规制收益两个层面的指标进行划分后，运用费用—收益方法对政府社会性规制效率进行测算，发现中国政府社会性规制效率水平较低。② 所以，可以总结得出，国内学者关于规制效率的衡量也是依据费用—收益分析法的基本原理，通过比较规制的收益和成本来判断规制的效率水平。

关于规制成本方面的研究，不同学者提出了各自关于规制成本的判定。王俊豪（2001）从法律角度分析了规制的成本结构，他认为规制的成本一部分是由被规制企业承担的，主要用于向规制立法者和执法者游说，甚至进行寻租活动，这一类成本很难以企业的财务报表体现。规制的收益是实施规制后消费者支出的减量和生产者收益的增量之和，规制成本是规制立法成本和运行成本之和，规制的效率通过对比规制收益与成本得以体现。③ 于立和张嫚（2002）将政府规制成本划分为两类：一类是会计成本，即政府的财政预算支出；另一类是隐性成本，即由于政府实施某项规制对社会其他主体所产生的间接费用，又可进一步划分为直接

① 薛姗姗，潘钟，周伶云．环境综合整治绩效评估方法探讨［J］．环境卫生工程，2008（01）：59－62.

② 樊慧玲．转型期政府社会性规制的绩效测度［J］．广西经济管理干部学院学报，2009，21（02）：63－68.

③ 王俊豪．政府管制经济学导论［M］．北京：商务印书馆，2001.

成本（也可称为履行成本）与间接成本，如表2-1所示。①

**表2-1　　政府规制的总成本构成**

| 会计成本 | 隐性成本 | |
|---|---|---|
| | 直接成本 | 间接成本 |
| 政府为执行某项规制政策所投入的财政预算经费 | 其他社会主体（企业或消费者）为执行政府某项规制政策所支付的各种费用 | 其他社会主体（企业或消费者）由于执行政府某项规制政策导致资源配置低效的成本 |

资料来源：于立，张嫚．美国政府规制成本及其经济影响分析［J］．世界经济，2002（12）：34.

曾国安和胡晶晶（2006）研究发现，实施规制除了会给规制者和被规制者带来直接的成本外，由于外部性的存在，第三方的成本费用也会随之增加。所以他们提出，运用费用—收益法对规制效率评价时，费用的度量除了涵盖规制者和被规制者直接成本外，被规制者以及第三方所额外增加的间接费用也应作为规制的成本核算中。② 林关征（2008）提出，政府在对经济实施监管的过程中，在立法、执法、监督等环节，都需要付出一定的成本。他试图对规制的费用—收益作出制度经济学分析，以弥补经济学范式的费用—收益分析方法存在的局限性，并提出通过运用交易费用的边际分析排序法来弥补费用—收益分析方法的不足。③ 石涛（2010）定义规制的成本指的是机会成本，并通过替代性因素的变化所引发的成本来间接描述规制的机会成本，包括用于发展替代产品必须转移的资源、生产原有产品的资本专用性投入、因生产

① 于立，张嫚．美国政府规制成本及其经济影响分析［J］．世界经济，2002（12）：33-39，80.

② 曾国安，胡晶晶．有关经济管制的几个问题［J］．湖北经济学院学报，2006（01）：13-18.

③ 林关征．管制的经济绩效分析［J］．华东理工大学学报（社会科学版），2008（01）：43-46.

替代性产品而增加的成本、替代产品的零售价格的差异（消费者剩余）、替代产品质量下降的价值损失、在一定范围被禁止产品所造成的其他市场效应。① 随着研究的不断深入，学者们几乎一致认为规制的成本不仅仅包括一般意义上的会计成本，而且应该以经济学角度的机会成本进行衡量。但是，由于规制特别是环境规制具有较强的经济外部性，导致在衡量规制成本方面具有一定困难，学者们在研究过程中会通过一些手段规避这些困难。

关于规制收益方面的研究，不同学者也提出了自己对于规制收益的理解。林群惠（2005）提出，政府环境规制收益的评估应该包含政府职能和环境影响两个方面，并综合国外先进的做法和经验，参考目标管理中指标体系构建方法，从职能指标和影响指标两个方面提出了一套由 21 个三级指标构成的政府环境规制收益评估体系。② 魏素艳等（2006）在研究过程中从环境资源消耗减少、污染物再利用、环境质量提升等方面对环境规制收益进行了相关评价。③ 王丽珂（2008）将政府环境规制收益定义为由于实施一项环境规制，会对环境质量、资源节约、生态平衡和社会保障四个方面产生积极的作用，通过对这四个方面正向作用的衡量，计算政府环境规制的收益。④ 蒋雯等（2009）肯定了环境规制效率评价的积极作用，有助于政府了解一项规制具体的实施效率，提高政府管理效率、决策科学性和公众满意度，并提出环境规制收

---

① 石涛．政府规制的“成本—收益分析”：作用、内涵及其规制效应评估［J］．上海行政学院学报，2010，11（01）：67－76.

② 林群惠．乘势而生的政府环保绩效评估［J］．环境经济，2005，19（07）：34－37.

③ 魏素艳，肖淑芳，程隆云．构建我国环境会计体系的研究［M］．北京：经济科学出版社，2006：265－266.

④ 王丽珂．基于生态文明的政府环境管理绩效评价［J］．北京工业大学学报（社会科学版），2008，8（06）：16－19.

益包括显性收益和隐性收益，认为显性收益体现了短期内环境规制对于环境质量的提升作用；从长期来看，政府环境规制的隐性收益则更多地代表了环境规制对于环境质量提升的积极作用。① 综合这些学者的研究发现，在衡量规制收益方面也会面临和规制成本同样的问题，就是规制的收益也不适合直接通过货币价值来衡量。

### 2.2.2 环境规制投资效率的评价角度

从国内现有研究成果来看，一部分学者从环境规制效果进行研究，一部分学者则从环境规制投资效率角度进行研究。

（1）环境规制效果。曹颖（2005）根据压力—状态—响应（pressure-status-response，P-S-R）概念框架理论，即人类社会应当对由于人类活动压力从而导致的环境状态变化做出响应，以恢复环境生态或阻止环境退化的因果逻辑关系，运用 Delphi 方法初步构建了环境效果评价指标体系，包含人类活动、环境状况和政策响应三个方面的七大类指标，并以云南省为样本验证了这套指标体系构建的合理性。② 刘琳（2008）以 2001～2006 年上海市闵行区作为研究对象，运用 AHP 和 Delphi 方法计算了这一期间政府环境规制收益水平，发现样本期间该地区环境规制收益值在持续上升。③ 李真和张红凤（2012）则将研究样本扩大，对 1995～2010 年中国环境规制、职工安全与健康规制、消费者安全与健康规制

---

① 蒋雯，王莉红，陈能汪，等．政府环境绩效评估中隐性绩效初探［J］．环境污染与防治，2009，31（08）：90－92.

② 曹颖．环境绩效评估指标体系研究——以云南省为例［J］．生态经济，2006（05）：330－332.

③ 刘琳．政府环境绩效评价研究［D］．华东师范大学硕士学位论文，2008.

等社会性规制效果水平进行测算和评价，发现样本期间环境规制和职业安全与健康规制的效果水平呈现上升趋势，而消费者安全与健康规制的效果水平则呈现波动趋势。①

（2）环境规制投资效率。有学者将环境规制投资效率定义为一种效率值，在计算环境规制收益的基础上又将环境规制成本一并考虑到效率的计算中，从效率层面衡量环境规制的实施水平，研究方法则以DEA方法为主。例如，王晓宁等（2006）将环境规制效率定义为环境收益与环境管理成本之间的比例关系，在此基础上，采用Delphi方法和AHP建立了环保机构能力评价指标体系，并利用河南省13个县级数据进行了实证分析，发现县区间环保机构的环保能力存在明显差异。② 吴育华和卢静（2006）运用AHP和DEA方法，构建了环境规制效率评价体系，并以河北省11个城市的面板数据作为研究样本，发现河北省内仅有不到半数城市达到相对规模有效及技术有效。③ 马育军等（2007）对苏州市1996～2005年生态环境建设效率进行测算，发现DEA效率相对有效的年份仅有30%，弱有效年份有20%，而DEA效率相对无效的年份有50%，样本期间苏州市环境管理存在低效问题。④ 董秀梅等（2008）运用DEA方法中的C2R模型，以劳动力、资金、技术等作为环境治理效率的输入指标，以环境质量、污染控制、环境建设、环境管理等作为输出指标，比较了1990～2005年中国环境治

① 李真，张红凤．中国社会性规制绩效及其影响因素的实证分析［J］．经济学家，2012（10）：48－57.

② 王晓宁，毕军，刘蓓蓓，等．基于绩效评估的地方环境保护机构能力分析［J］．中国环境科学，2006（03）：380－384.

③ 吴育华，卢静．城市环境保护工作效率评价［J］．天津大学学报（社会科学版），2006（04）：245－249.

④ 马育军，黄贤金，肖思思，等．基于DEA模型的区域生态环境建设绩效评价——以江苏省苏州市为例［J］．长江流域资源与环境，2007（06）：769－774.

理效率与国际环境治理效率，发现同期内中国环境治理效率并未本质提升，效率值水平也只有环境治理效率高国家的30%。① 刘纪山（2009）则以7个投入指标、7个产出指标衡量环境治理的投入和产出水平，运用DEA方法测算了中部六省的环境规制效率，效率水平由高到低的省份为：安徽、江西、湖北、湖南、河南、山西。② 所以，从已有研究成果来看，DEA法已经成为学者研究环境治理效率的主要方法之一。

近些年，有学者开始在传统DEA模型的基础上，运用方向性距离函数的相关原理，对环境规制效率进行研究。传统DEA模型的计算原理是通过输入和输出指标，构建样本集的包络函数，进而计算输入指标和输出指标的相对效率值。本书研究的环境规制的投资效率，所包含的产出部分是期望产出，部分是非期望产出，衡量环境规制的投资效率值，更为科学有效的方法是将期望产出和非期望产出的优化路径加以区分。方向性距离函数（SBM）就提供了相应的处理方法，区分期望产出和非期望产出的优化方向，所以也被称为是有角度的距离函数。涂红星和肖序（2014）以36个中国工业行业2001～2010年投入产出和工业污染排放数据，通过方向性距离函数的方法，分年度和行业测算了中国工业行业因环境规制导致的效率损失及规制成本。③ 原毅军等（2016）选取1999～2011年中国30个省份的相关面板数据，对环境规制效率进行了测算，发现2000～2011年，全国样本的环境规制效率呈现波

① 董秀海，胡颖廉，李万新．中国环境治理效率的国际比较和历史分析——基于DEA模型的研究［J］．科学学研究，2008，26（06）：1221－1230.

② 刘纪山．基于DEA模型的中部六省环境治理效率评价［J］．生产力研究，2009（17）：93－94，142.

③ 涂红星，肖序．行业异质性、效率损失与环境规制成本——基于DDF中国分行业面板数据的实证分析［J］．云南财经大学学报，2014，30（01）：21－29.

动上升趋势，直到2006年以后，这种增长趋势趋于稳定。而从地域层面来看，不同省份间环境规制效率表现出较大的差异性。[①] 刘海英和尚晶（2017）基于方向性距离函数测算中国工业行业环境规制成本，发现工业环境规制成本存在显著的行业异质性，但其污染偏好性不显著。[②]

从国内已有的研究文献来看，关于环境规制的评价主要从效果和效率两个角度进行研究。相对于效果评价，效率评价更多的是考虑产出和投入比，目的是在有限的资源投入下实现更多的收益。而效果评价也可以看作是效率评价中关于环境规制收益衡量的一部分。同时，通过对现有文献的梳理不难发现，对环境规制的评价更多的是侧重于对其效率的整体评价，体现了环境规制的整体效率水平，文献中鲜有对环境规制的投资效率进行分类研究。本书将环境规制又进一步区分为投资型环境规制和政策型环境规制，并以投资型环境规制为主要研究对象，侧重于对政府主动通过投资手段而实施的环境规制的投资效率水平进行评价。基本方法也是基于成本—收益的分析方法，但是关于成本和收益的核算范围与以往关于环境规制效率的研究文献略有不同。本书侧重于对农业环境规制的投资效率水平进行评价和分析。

### 2.2.3　环境规制效应

本书研究的核心内容是环境规制的投资效率问题，研究对象主要是农业投资型环境规制。这一类的环境规制是政府将财政预

① 原毅军，苗颖，谢荣辉．环境规制绩效及其影响因素的实证分析［J］．工业技术经济，2016，35（01）：92－97.

② 刘海英，尚晶．中国工业环境规制成本对科技创新的敏感性研究［J］．科技管理研究，2017，37（22）：19－25.

算资金投入环境保护活动中，保护和改善环境，防治环境污染、维护生态平衡，促进环境、社会和经济协调可持续发展的一项经济活动。那么，为什么政府会主动选择运用投资型环境规制进行环境保护呢？这与环境规制产生的效应不无关系。所以，在环境规制效率评价的基础上，国内学者也将环境规制效应作为研究的又一重点，主要研究方向包括环境规制对哪些因素有影响和哪些因素可以影响环境规制投资效率。

（1）环境规制对哪些因素有影响。实施一项环境规制最直接的影响之一就是经济增长。环境规制对于经济增长的影响已成为国内学者研究的重点内容之一。李瑾（2007）发现，实施环境规制可以推广环境清洁技术，间接对产业绩效产生创新补偿效应，从而促进产业升级并进一步促进经济增长。[①] 王文普（2011）利用1992～2008年中国31个省份的面板数据，着重对二氧化硫减排和化学需氧量（COD）减排对于生产率的影响进行分析，前者有助于提升生产率水平，后者则会降低实际的生产率水平，同时，认为地区间的环境规制竞争并不能有效促进地方经济发展。[②] 赵硕（2012）对“波特假说”进行了检验，以2004～2009年中国27个省份作为研究样本，发现在中国不同地区环境规制对经济增长的影响存在一定的差异性，这种差异性体现在：东部地区和中部地区实施环境规制可以起到促进地区经济发展的作用，而西部地区实施环境规制会阻碍地区经济发展。究其原因，他总结为是不同地区产业升级所处阶段不同以及整体的经济发展环境不同。[③] 谢涓

① 李瑾．环境政策诱导下的技术扩散效应研究［J］．当代财经，2008（07）：18－23.

② 王文普．环境规制竞争对经济增长效率的影响：基于省级面板数据分析［J］．当代财经，2011（09）：22－34.

③ 赵硕．环境规制与经济增长的关系分析［D］．辽宁大学硕士学位论文，2012.

等（2012）也得出了和赵硕相似的结论，在肯定环境规制对经济增长的促进作用的同时，也发现这种促进作用只在经济发达地区存在，而在不发达地区，环境规制与经济增长的因果关系并不成立。[①] 李胜兰等（2014）运用中国30个省份1997~2010年的面板数据进行实证分析，发现在东部地区和中部地区，随着环境规制强度的不断增强，经济增长水平呈现先上升后下降的走势，在西部地区，政府为了追求短期经济增长，往往会降低环境规制在实施过程中的执行力度。[②] 江炎骏和赵永亮（2014）在研究中则将环境规制推动经济增长的作用机制归结为是技术创新。[③]

（2）哪些因素影响环境规制投资效率水平。在环境规制效率评价研究的基础上，研究环境规制效率的影响因素则可以进一步了解如何提高环境规制的效率水平，特别是对于投资型环境规制而言，涉及政府财政资金使用效率高低水平。所以，近些年，国内学者也将环境规制的研究重点集中在环境规制投资效率的影响因素上。例如，王兵等（2010）以1998~2007年中国30个省份为研究样本，通过SBM方向性距离函数和卢恩伯格生产率指标测度环境效率和环境全要素生产率，发现人均GRP（政府资源规划）、FDI（外商直接投资）、结构因素、政府和企业的环境管理能力、公众的环保意识对环境效率和环境全要素生产率有不同程度的影响。[④] 徐成龙等（2014）运用SE-DEA软件对山东省环境规制

① 谢涓，李玉双，韩峰．环境规制与经济增长：基于中国省际面板联立方程的分析［J］．经济经纬，2012（05）：1-5.

② 李胜兰，申晨，林沛娜．环境规制与地区经济增长效应分析——基于中国省际面板数据的实证检验［J］．财经论丛，2014（06）：88-96.

③ 江炎骏，赵永亮．环境规制、技术创新与经济增长——基于我国省级面板数据的研究［J］．科技与经济，2014，27（02）：29-33.

④ 王兵，吴延瑞，颜鹏飞．中国区域环境效率与环境全要素生产率增长［J］．经济研究，2010，45（05）：95-109.

效率进行了计算，并在此基础上运用 EViews6.0 软件对影响环境规制效率的因素进行分析，将山东省环境规制效率的影响因素归结为经济发展水平、环境保护力度、工业化水平、产业类型以及利用外资水平等。[①] 田云（2015）通过研究发现，强化基础教育、加大财政支农力度、完善农业基础设施建设、不断优化农产品贸易结构等措施将有助于低碳农业生产率水平的快速提升。[②] 程钰等（2016）在已有研究的基础上加入了城镇化、技术投入、市场化、全球化等因素，发现这些因素也会起到提升环境规制效率的作用。[③] 从以上关于环境规制影响因素的研究成果来看，不同学者基于不同的研究视角，给出了各自不同的解释结果。本书研究的核心内容是农业环境规制的投资效率问题，本质是研究投资效率的分布特征。反映客观事物的分布特征一般有两个维度，即时间维度和空间维度。基于环境规制自身具有很强的外部性的特点，研究环境规制的投资效率问题，理应将空间因素也作为研究模型的因素之一。

## 2.3 对文献的评述

从现有国内外研究成果可以总结出：（1）因为具有较强的经济外部性，环境规制的成本和收益很难进行简单货币化度量。

① 徐成龙，任建兰，程钰．山东省环境规制效率时空格局演变及影响因素［J］．经济地理，2014，34（12）：35－40.

② 田云．中国低碳农业发展：生产效率、空间差异与影响因素研究［D］．华中农业大学博士学位论文，2015.

③ 程钰，任建兰，陈延斌，徐成龙．中国环境规制效率空间格局动态演变及其驱动机制［J］．地理研究，2016，35（01）：123－136.

（2）环境规制评价可以从两个方面来衡量，分别是环境规制效果和环境规制投资效率，环境规制效果反映的是环境规制产生的收益，而环境规制投资效率反映的是环境规制收益与成本之间的比值。（3）环境规制效果的研究方法主要通过构建收益指标体系，运用层次分析、主成分分析等方法计算出环境规制产生的效果，环境规制投资效率的研究方法主要通过 DEA 模型、方向性距离函数等方法计算出环境规制收益和成本的相对比值，衡量环境规制投资效率高低。（4）由于一些因素的存在，导致环境规制投资效率水平呈现明显的差异性，这种差异性有时间层面的，也有地域层面的。

综上所述，现有文献多以城市、工业作为研究样本，涉及农业环境规制的研究文献较少，并且鲜有对环境规制的投资效率进行分类研究。本书主要以农业环境规制的投资效率问题作为研究对象，区别已有关于环境规制效率评价的研究，通过界定投资型环境规制的投资成本和投资收益，评价农业环境规制的投资效率水平。在此基础上，通过收敛性研究农业环境规制投资效率的时间分布趋势，探究不同地区之间的农业环境规制投资效率差异性是否会随着时间自动消失。并且通过空间计量模型，研究农业环境规制投资效率的空间溢出和空间关联效应，发现农业环境规制投资效率水平的空间分布特征。通过引入空间溢出效应到空间计量模型中，以分析哪些因素会影响农业环境规制投资效率水平，并以此作为对策建议的理论支撑。

## 2.4　本章小结

通过对现有研究文献梳理可以发现，环境规制的理论与实证研究均取得了较为丰富的研究成果。国内外学者对政府环境规制效率评价的必要性、评价方法和指标选择、不同规制工具的效率差异等方面都进行了较为充分的论证，并认为对环境规制进行费用—收益法是十分必要的。从研究方法来看，层次分析法、德尔菲法、模糊综合评价方法等是目前国内学者运用较多的方法，这些方法多应用在环境规制收益计算上。涉及环境规制效率方面的评价多运用 DEA 方法，这也从侧面反映了运用 DEA 方法进行环境规制效率评价方法的有效性，方向性距离函数也开始被运用到环境规制效率的计算中。

但已有研究仍存在一些局限，亟待解决和反思：第一，环境规制效率的测算多以城市或者工业为研究样本，涉及农业环境规制的研究较少，针对农业的行业环境规制效率理论与实证的相关研究，也忽略了对农业环境规制投资效率的区域差异的测度与分析，难以发挥协调区域农业环境规制的作用；第二，鲜有对农业环境规制投资效率的系统测算以及对农业环境规制投资效率的时间、空间分布特征的研究，缺少对地区间农业环境规制投资效率差异性的系统分析，农业环境规制投资效率的差异性是否会随着时间或者空间效应自动消失、是否需要外部力量加以干预以促进差异性的消失，这些问题在现有文献中研究较少。

# 第3章　理论基础

西方经济学家较早对于规制理论的研究可以被认为是环境规制早期研究的理论基础。现在一般认为，规制理论可以分为传统规制理论和现代规制理论。传统规制理论主要学派包括规制的公共利益理论学派和规制俘虏理论学派。现代规制理论则是在对传统规制理论批判和继承基础上，形成了以激励性规制理论和放松规制理论为代表的现代规制理论学派。

从传统规制理论到现代规制理论的演变过程中，社会性规制逐渐被学者们开始重视，所涉及的领域也随之不断扩大，规制原则也更具市场性。丹尼尔·史普博将规制区分为进入壁垒规制、外部性规制和内部性规制。① 植草益又进一步将解决自然垄断和信息不对称等问题的规制定义为经济性规制，将解决外部不经济和公共物品等问题的规制定义为社会性规制。② 社会性规制开始逐渐成为规制理论研究的重点。一些学者认为，社会性规制出现的意义在于解决经济外部性、公共物品、非价值性物品和信息不对称

---

① ［美］丹尼尔·F. 史普博. 管制与市场［M］. 余晖，何帆，钱家骏，等译. 上海：上海三联书店，上海人民出版社，1999：45.

② ［日］植草益. 微观规制经济学［M］. 朱绍文，译. 北京：中国发展出版社，1992：22.

等市场失灵问题。无论哪种原因，社会性规制逐渐成为政府弥补市场失灵的有效手段之一。

## 3.1 经济外部性与环境规制

经济外部性问题会导致市场机制无法有效配置资源，社会资源无法实现最优配置，社会福利不能得到最大化。一般认为，这种外部性的影响分为正外部性和负外部性两种效应。例如，最早关于正外部性的例子就是灯塔，航船在夜间行驶时，灯塔照明可以为其提供指引，但是却很难向这些航船进行收费来弥补灯塔照明的成本；负外部性最典型的例子就是工厂环境污染，工厂生产所产生的废弃物会对周边环境造成污染，影响居民的正常生活，而工厂则不用支付额外的费用来补偿这些居民的损失。

经济外部性实际上解释了私人成本与社会成本、私人收益与社会收益不一致的问题。如果私人收益低于社会收益或者私人成本高于社会成本，则被认为是产生了正外部性，反之则被认为是负外部性。灯塔的例子代表私人收益低于社会收益，工厂环境污染的例子代表了私人成本低于社会成本。

假定河流上游有一家造纸厂，下游有居民居住，并主要以河流作为主要水源。如果造纸厂工业废弃物直接排放到河流中，势必会对下游居民的生活产生影响。图 3 – 1 中，假定居民的需求曲线为 Dr，在不考虑社会溢出效应的情况下，需求曲线 Dr 既代表边际私人收益曲线 MPBr，又代表边际社会收益曲线 MSBr。造纸厂的供给曲线为 Sr，同时也代表了造纸厂的边际私人成本曲线 MPCr。曲线 MSCr 则代表了造纸厂的边际社会成本。

当造纸厂生产数量为 $Q_2$ 的纸张时，需求曲线 Dr 与供给曲线 Sr

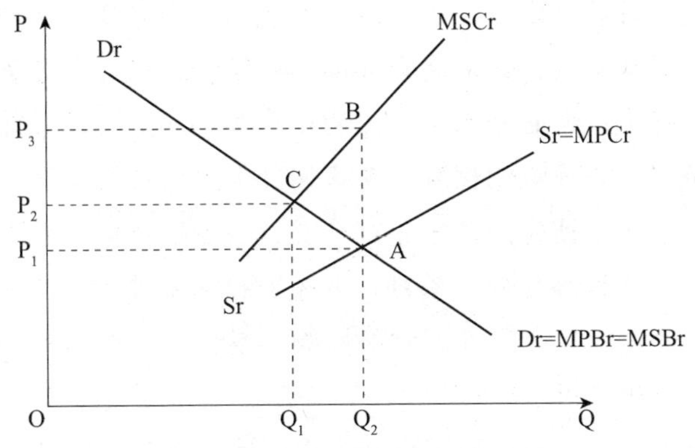


**图3-1 经济外部性导致资源配置效率下降**

相交于平衡点A。此时，边际社会成本为$P_3$，边际私人成本为$P_1$，边际社会成本明显高于边际私人成本。但是，如果从全社会的角度出发，边际社会成本曲线MSCr与边际社会收益曲线MSBr相交于C，社会整体福利值达到最大。所以，从$Q_1$到$Q_2$造纸厂每生产一个单位数量的纸张，社会福利都会下降，社会福利损失的总价值等于三角形ABC的面积。如果没有一种外部机制对生产者的生产行为进行约束，生产者会选择在边际私人成本和边际私人收益相等时进行生产，使自身利益最大化。

经济外部性导致市场机制配置资源失效的根本原因在于私人生产者无需承担他们生产产生的所有成本，而是将一部分成本转嫁给整个社会，进而导致社会福利的降低。解决经济外部性问题，其本质就是如何将外部性内部化，理论界通过研究得到较为统一的方式是科斯定理、一体化方式以及政府规制。

罗纳德·科斯（Ronald H. Coase）认为，经济外部性产生的根本原因在于产权没有明确界定。社会资源的经济外部性形成的根源在于产权不明确，如果每个社会主体都能清晰明确自己拥有社会资源的权利，不同社会主体之间进行谈判可以很好地解决社会资源的经济外部性问题。这一理论思想后来由施蒂格勒命名为科斯定理。具体来说，如果受到环境污染的居民拥有享受洁净环境的权利，则生产者必须为生产过程中产生的污染支付赔偿。如果生产者拥有污染环境的权利，受害居民可以通过购买将生产者的污染权买过来，使生产者少生产产品，少制造污染。科斯的方法解决外部性必须满足两个条件：一是产权明确界定；二是交易成本为零。因此，只有当外部性的影响容易识别且受影响的人不多时，科斯定理才行之有效。

上面提到，除了科斯定理，实现一体化也是解决社会资源经济外部性的方法之一。一体化方式的作用机理就是通过一些手段，将原本利益相冲突的不同主体“绑定”为利益共同体，实现外部性的内部化。利益共同体在做决策时会充分考虑彼此之间共同的利益需求。市场经济中常用的一体化方式就是把两个企业合二为一，实现一体化，企业间模糊的产权得到明确，利益目标得以统一，交易成本降低，实现经济外部性内部化的同时解决了环境污染问题。

需要指出的是，通过上述两种方法实现外部性的内部化，都须满足一定条件，特别是需要假定现实的市场经济中交易成本为零。一旦不能满足这些条件，科斯定理和一体化就无法发挥应有的作用，或者作用效果不理想。对于社会环境资源而言，带有明显的公共物品属性，很难判断环境资源产权的最终归属。即便产权问题得到明确，也会因为巨大的交易成本而导致外部性内部化的失败。所以，运用科斯定理解决环境污染外部性问题有很大的局限性。而一体化方法解决环境污染问题一般更适用于两个企业之间，企业间通过并购、重组等方式，可以实现经济外部性的内部化。但是，对于企业和消费者、消费者和消费者之间的环境污染问题，并不能通过一体化的方法得以有效解决。所以，这就为政府实施规制解决经济外部性问题提供了理由和空间。施蒂格勒、史普博、植草益等提出解决外部不经济和公共物品等问题可以通过规制实现。①

当市场机制出现配置资源失效时，需要政府机构通过一定的措施和手段对经济主体行为进行管理或约束，以弥补市场失灵，实现社会福利最大化。所以，规制实施的主体一般是政府，其目的是弥补市场失灵。规制措施和手段可以是市场经济条件下政府机构所制定的法律制度，也可以是政府机构对微观经济活动进行的某种投资、干预行为，这些措施和手段可以认为是环境规制的具体实施工具。参照环境规制工具，本书在概念界定中将环境规制分为政策型环境规制和投资型环境规制两种。环境规制是规制中的一种，更确切地说，环境规制是社会性规制（植草益将规制分为经济性规制和社会性规制）的一种。其存在的本质意义在于弥补市场失灵，政府运用不同的工具手段，对微观经济主体在环境保护活动中的行为进行约束和干预。政策型环境规制更多是起到了约束微观经济主体行为的作用，使其行为更有利于环境保护，降低主观破坏环境资源行为发生的可能性，实现社会经济可持续发展。投资型环境规制则更多体现在政府在环境保护领域的供给行为，通过运用财政预算资金，保证环境保护设施的有效供给。无论是哪一种环境规制，都为解决外部性问题提供了另一种可行的方法。

综上所述，在特定条件下（科斯定理强调交易成本为零，一体化则局限在不同供给主体之间产生），科斯定理和一体化方式可以解决经济外部性问题，进而解决环境污染问题。但是，现实的

① ［日］植草益．微观规制经济学［M］．朱绍文，译．北京：中国发展出版社，1992：22.

市场经济环境很难满足这两种方法的实施条件，需要政府通过规制约束和干预微观经济主体行为，一定程度上降低主观破坏环境资源行为发生的可能性。所以，从理论上，环境规制有其存在的积极意义。

## 3.2 环境规制失灵

正如上面所述，实施一项环境规制的目的是弥补市场失灵，通过政府外部强制手段纠正部分市场缺陷。但是，在具体的实施过程中，无论是政策型环境规制还是投资型环境规制，最终的实施效果会受到诸多因素的影响，最终导致“规制失灵”。正因为环境规制存在失效的可能性，所以关于环境规制失灵的理论为后面研究影响环境规制效率的因素提供了理论支撑。

### 3.2.1 公共利益理论

正是由于存在市场失灵，所以规制有其一定存在的必要性，这正是公共利益理论学派的核心观点之一。以施蒂格勒、史普博、卡恩、布雷耶、植草益等经济学家为代表的公共利益理论学派认为，通过规制可以矫正由于外部性造成的市场失灵，保护社会公众利益，实现社会福利最大化。和前面重复的理论表述在此不再赘述，这里强调的是公共利益理论研究范式是建立在三个假设条件之上：一是存在市场失灵；二是规制机构（作为政府的代表）是“道德人”和“理性人”，完全理性又大公无私，能够为社会谋福利而没有自己的私利，以实现公共利益最大化作为最终目标；三是规制机构（作为政府的代表）拥有完全信息，并且能够准确地分析和预测市场供求的均衡量，同时，又具有完全的承诺能力，代表社会公众实施规制，实施结果将会满足帕累托最优原则，可以实现社会福利最大化。公共利益理论在这一系列假设之下，认为政府规制是合理和有效率的。然而在现实中，这三个条件没有一个能完全满足，这种假定过于理想化，与现实相去甚远，甚至与现实相悖。由于无法合理解释实践中出现的一些反常现象，该理论未能获得实证分析的支持，受到了许多学者的批评。

### 3.2.2 部门利益理论

在规制的具体实践过程中，部分学者开始对规制的有效性提出了质疑，并且对公共利益理论研究范式进行了反思和修正，这样就形成了部门利益理论。部门利益理论学派代表人物有弗农（Vermon）、波斯纳（Posner）、维斯库兹（Viscusi）、贝克尔（Becker）和哈瑞顿（Harrington）等。部门利益理论认为，一旦政府拥有了绝对的权力，相关经济利益集团所需要做的就是尽量说服政府通过规制为其集团谋福利，保证政府制定的规制政策最终可以使得集团利益最大化。在说服政府的过程中，经济利益集团往往会将自己的利益与政府的利益相互绑定，而符合理性假设的政府，出于政府自身利益考虑，可能无法实现从社会整体福利最大化的角度制定相关规制政策。而这些规制在市场经济环境下往往会是无效的。随着部门利益理论研究的不断深入，又进一步衍生出规制俘获理论（capture theory of regulation），代表人物包括佩尔兹曼（Peltzman）、伯恩施坦（Bernstein）。规制俘获理论认为，一旦政府利益与经济利益集团的利益相互绑定，或者迫于某些压力，相关规制政策的制定只是体现了特定利益集团的利益诉求，政府就像被利益集团所“俘获”。尽管规制政策制定者可能并没有获得直接的经济回报，但也类似于一种寻租行为。

### 3.2.3 寻租理论

规制俘获理论论述的是在规制政策的制定过程中，基于政府自身的利益，政府可能会选择同经济利益集团相互合作，制定出无效的规制政策。寻租理论则更为直接地论述了政府官员通过规制政策满足一己私利，寻求个人利益最大化。其中，又可分为寻租和创租两种行为。寻租行为指的是经济利益集团主动选择向政府官员行贿，谋求集团利益最大化，政府官员也会因为受贿而得到额外的经济利益。这一点与规制俘获理论较为相似，只是针对的主要对象不同。寻租理论更为强调政府官员个人行为。创租行为则是指政府官员会主动通过制定规制政策，满足“出价”最高利益集团的利益诉求，为其他利益竞争者设置规制障碍。在此过程中，政府官员谋取政治和经济利益最大化。当出现“出价”更高利益集团时，政府官员会改变原有的规制政策，使其为新的利益集团所“服务”，政府官员谋求更多的经济利益和政治支持。无论是寻租行为还是创租行为，都是政府官员追求自身利益最大化的一种行为。正是由于这种行为的存在，政策型环境规制和投资型环境规制等相关政策的制定都可能是无效的。所以，应该通过一种科学有效的方法衡量环境规制的有效性。

总结得出，所谓规制失灵，是指政府实施一项规制政策未能真正起到弥补市场失灵的作用，反而使得原本运行正常的市场经济出现效率低下问题，最终导致社会福利出现不必要的损失。政府环境规制失灵是政府规制失灵中的一类，是指政府通过环境规制没有使环境得到有效改善。特别是投资型环境规制，由于运用的是政府财政预算资金，更要注意其资金的使用效率问题，在实施投资型环境规制过程中，也会出现关于环境规制失灵所提到的诸多问题，主要包括以下几个方面。

（1）政府实施的投资型环境规制可能被“俘获”。政府运用财政预算资金主动增加在环境保护领域的投入，为的是使环境资源得以有效保护，提升社会公众的福利水平。但是，在实施一项投资型环境规制的过程中，由于某些经济利益集团的利益诉求，导致政府可能被“俘获”，为了治理环境问题所投入的财政资金没有被真正运用到真正需要的领域，可能最终流入利益集团的“腰包”中。利益集团确实也存在着这方面的动机，“骗取”政府财政资金的支持，例如，获得企业治理环境污染的财政补贴，获得政府投资建设环境基础设施的工程款等。此外，投资型环境规制是政府“主动”实施的环境规制措施，如果没有一套有效的约束机制，缺乏对政府的监督，可能会出现政府官员的寻租行为和创租行为，毕竟政府财政预算资金的使用权控制在决策者手中，如何使用、使用在哪、使用多少，这些因素都会影响一笔财政资金最终的使用效率。所以，评价环境规制效率，特别是投资型环境规制的投资效率，可以起到有效监督政府的作用，避免政府可能被“俘获”，保证环境规制的有效性。

（2）政府的有限理性。政府有限理性指政府的规制决策由于规制偏好、信息不对称、技术有限等原因使得制定出来的规制政策与实际需求存在一定差异，进而也会导致规制失灵。为了规避或者降低政府的有限理性，可以通过评价规制的成本和收益，通过两者的比值，反映一项规制最终的实施效率，作为政府决策参考的依据之一，减少政府在规制偏好、信息不对称、技术有限等条件下出现的不理性决策，提高政府的决策效率。

综上所述，由于经济外部性的存在，环境规制有其存在的必要性。但是，环境规制也会出现诸如市场失灵同样的问题。所以，对于环境规制效率评价，特别是对投资型环境规制的投资效率进行评价，才能保证环境规制起到提高环境资源配置效率的作用，提高政府在环境保护领域的资金使用效率。

## 3.3 环境规制投资效率评价原理

根据本书对环境规制投资效率的界定，衡量一项环境规制实施的投资效率水平，关键在于对规制的投资成本和收益的衡量，并且根据费用—收益分析原理，最终可以计算出投资效率水平，并将此作为政府规制政策工具实施效果的判断依据，提高规制实施效率。

但是，对于环境规制投资效率评价能否运用费用—收益评价方法，不少学者提出了质疑，主要集中在以下三个方面。

(1) 环境规制的投资成本和收益难以货币化。由于环境规制成本和收益所包含的范围较广，并且很多成本和收益不能用货币进行衡量。特别是环境规制的收益指标，很多环境质量的提升并不能通过货币衡量。

(2) 很难对环境规制的投资成本和收益进行产权确定。前面已经分析，科斯定理在环境规制等社会性规制运用的局限性，很大的原因就是无法清晰界定产权。所以，部分学者认为，即便费用—收益评价方法能够在一定程度上回答环境规制行为是否产生收益，是否具有效率，但仍然无法确定环境规制的成本和收益应该由哪些主体来分担，由此将引发对公平性的怀疑。

(3) 环境规制的有效性受到质疑。实施一项环境规制的目的是降低环境污染风险，但是理论与实际结果往往会不一致。例如，一些环境规制收益的实际情况和设计初衷相去甚远。

虽然存在这些问题，但是学者们也提出了费用—收益分析对于环境规制效率评价的意义在于，有助于阐明公共政策决定的内在的权衡并使这种权衡更具透明性，有助于政府机构建立规制的优先次序，并主张将费用—收益分析方法应用在重大规制决策中。此外，还提出了关于投资型环境规制备选方案的考虑，成本和收益数据依据和折现率幅度的限制等。针对投资型环境规制成本和收益量化的问题，凯斯·孙斯坦（Cass R. Sunstein）就提出运用费用—收益分析原理处理量化问题时，对于难以量化的变量指标，应该采取一定的变通方法。并认为费用—收益分析可以为政府机构做出规范性选择提供一个有效的分析工具，迫使规制者更加集中、准确地考虑规制的潜在后果。①

本书认为，衡量投资型环境规制的成本和收益时，环境规制成本一般可以通过政府投入的财力等价值单位来衡量（也包括人力和物力的投入），但是环境规制收益（更确切地说，环境规制的实施效果）方面更适合以物理单位（例如，环境污染物排放量的减少）而不是价值单位来衡量。因此，评价投资型环境规制实施效率，需要对传统的费用—收益分析方法进行改进，重点对投资型环境规制的成本和收益进行分析。

## 3.4　本章小结

本章理论基础，在现有研究文献的基础上，总结归纳国内外学者对环境规制相关问题的研究，从理论层面为本书的研究提供

① ［美］凯斯·R. 孙斯坦. 自由市场与社会正义［M］. 金朝武，等译. 北京：中国政法大学出版社，2002：169－171.

支撑。首先，论述了环境规制存在的必要性。环境如果作为一种商品，具有明显的公共物品属性，具有明显的经济外部性，通过市场机制很难实现对环境的有效供给和配置。所以，需要政府通过外部力量，对这种缺陷进行纠正。环境规制就是政府实现这种纠错职能的一种有效手段。其次，环境规制自身也可能存在失灵的情况。公共利益理论、规制俘获理论、寻租理论等理论派系从不同层面分别论证了环境规制失灵问题产生的原因，进而提出了环境规制也应进行效率评价，以此来衡量环境规制实施的有效性。最后，环境规制效率评价遵循的基本原理是费用—收益分析，通过比较环境规制的收益与成本的比值，来判断环境规制效率水平的高低。但是由于环境规制具有明显的经济外部性，所以关于环境规制成本和收益的衡量存在一定的难度，本书得出了关于环境规制成本和收益的定义以及具体分类。

# 第4章　中国农业环境规制投资效率的测算

研究中国农业环境规制投资效率，首先就要通过具体方法将其量化，这样便于不同区域、不同时间段之间的样本进行比较，进而了解现有中国农业环境规制投资效率水平的时间、空间分布特点，为进一步分析农业环境规制投资效率的影响因素做基础。

## 4.1　评价方法选择

环境规制具有很强的外部性，其产生的成本和收益不容易被量化。因此，对环境规制实施效率的评价是一个十分复杂和困难的问题。在前面对于现有研究文献的梳理过程中发现，国内外学者对环境规制实施效率的评价方法主要集中于因子分析法、弹性分析法、专家评分法以及数据包络分析方法（DEA 方法）等。在比较分析几种评价方法的基础之上，考虑到本书关于环境规制投资效率的界定，最终选择 DEA 方法作为本书评价环境规制投资效率的方法。

### 4.1.1 评价方法的选定

（1）评价方法的比较分析。因子分析法的核心在于降维，是将多个带有相关性的可观测指标降维成几个不相关的综合指标的多元统计分析方法。因子分析法的思路就是将带有较强联系性的指标进行分类，属于一类变量就称为一个因子或是主成分，这样就可以用少数因子来概括原数据的大部分信息，还可以通过模型转换改变公因子负荷系数，方便对公因子的解析，并能够对原数据变量展开分类综合评价。虽然因子分析法具有不考虑原始评价指标间的相关性、能够反映原有变量大部分主要信息及命名解释性等众多优点，但在计算因子得分时采用的最小二乘法可能会失效，是其无法回避的一个重大缺陷。

弹性表示的是一个变量由于另一个变量的变化而变化的程度。在经济学的研究过程中，弹性概念经常被提及。变量间只要存在相关性关系，就可以用弹性来表示其中一个变量对于另一个变量的反应敏感度。虽然弹性分析法具有较强的直接评价能力等优点，但在环境规制效率评价的过程中，成本与收益类指标并不完全构成一种相关性关系，所以并不能简单地通过弹性分析法计算环境规制的投资效率水平。

对于难以量化的评价对象，专家评分法是一种有效且常见的评价方法。通过专家对难以量化的评价对象进行打分，通过评价分数的高低实现量化处理。但是，专家评分法的明显缺陷就是主观性较强，且对于指标体系中权重值的选取也缺少统一标准。所以，在运用这一方法进行效率评价时，必须对专家资历进行严格筛选，保证评价专家评价结果的有效性。

（2）DEA 方法。DEA（data envelopment analysis）方法又称为

数据包络分析方法，是一种评价具有相同类型决策单元的投入和产出是否有效率的非参数统计方法，已被应用于各个领域的绩效评价中。[①] 其基本思路是通过确定有效生产前沿面，并根据各决策单元与有效生产前沿面的距离情况，评估各决策单元的投入和产出是否有效，同时，还可用投影方法确定效率改进的方向和程度。相对效率评价的简单思路如图 4－1 所示。

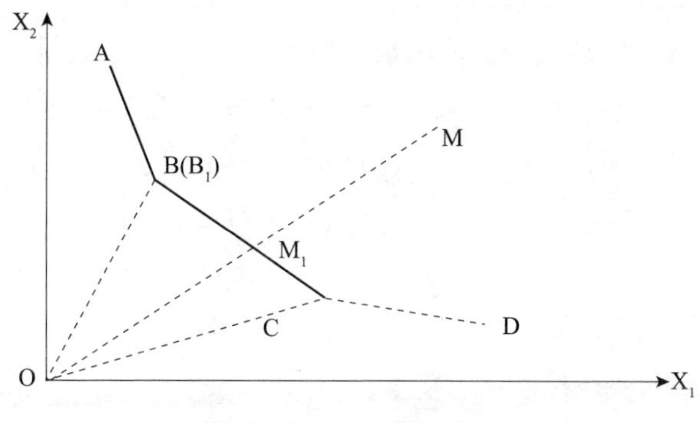


**图 4－1　DEA 评价方法**

图 4－1 中，A、B、C、D、M 是 5 个具有两种投入和一种产出的决策单元，其中，A、B、C、D 为有效率的单元，它们构成生产前沿面 ABCD，M 为无效率的单元，它被生产前沿面 ABCD 所包络。设 $B_1$、$M_1$分别为 OB、OM 在生产前沿面 ABCD 上的交点，则 M 的效率值为：

$$TE_M = \frac{OM_1}{OM} < 1$$

而处在生产前沿面上的 B 点，其效率值为：

$$TE_B = \frac{OB_1}{OB} = 1$$

① Charnes A.，Cooper W. W. Rhodes E. Measuring the Efficiency of Decision Making Units［J］. European Journal of Operational Research，1978，2（06）：429－444.

从而，有效率的决策单元其评价值等于1，而无效率的决策单元其评价值小于1。

设有 n 个 DMU（$1 \leqslant j \leqslant n$），每个 DMU 都有 m 种输出，$x_{ij}$ 为 $DMU_j$ 对第 i 种输入的投入量；$y_{kj}$ 为 $DMU_j$ 对第 k 种输出的产出量；$v_i$ 为对第 i 种输入的一种度量；$u_k$ 为对第 k 种输出的一种度量（$j=1, 2, \cdots, n$；$i=1, 2, \cdots, m$；$k=1, 2, \cdots, s$），而且有：$x_{ij}>0$，$y_{kj}>0$，$v_{ij}\geqslant 0$，$u_{kj}\geqslant 0$。

记 $DMU_j$ 的输入量、输出量分别为：

$$X_j=(x_{1j}, x_{2j}, \cdots, x_{mj})^T>0 \quad (j=1, 2, \cdots, m)$$

$$Y_j=(y_{1j}, y_{2j}, \cdots, y_{sj})^T>0 \quad (j=1, 2, \cdots, s)$$

对应于权系数 $V=(v_1, v_2, \cdots, v_m)^T$，$U=(u_1, u_2, \cdots, u_m)^T$，称

$$h_j=\frac{u^TY_j}{v^TX_j}=\frac{\sum_{k=1}^{s}u_ky_{kj}}{\sum_{i=1}^{m}v_ix_{ij}} \quad j=1, 2, \cdots, n \tag{4.1}$$

为第 j 个决策单元 $DMU_j$ 的效率评价指数，可以适当地取 u 和 v，使 $h_j\leqslant 1$（$j=1, 2, \cdots, n$）。

现在对第 $j_0$ 个决策单元 $DMU_j$（$1\leqslant j_0\leqslant n$）进行评价，选择 u 和 v，使 $h_{j0}$最大。于是，构成下列的分式规划：

$$\begin{cases} \max \dfrac{\sum_{k=1}^{s}u_ky_{kj0}}{\sum_{i=1}^{m}v_iy_{ij0}}=v_p \\ \text{s. t.} \ \dfrac{\sum_{k=1}^{s}u_ky_{kj0}}{\sum_{i=1}^{m}v_iy_{ij0}}\leqslant 1 \quad j=1,2,\cdots,n \\ u_k\geqslant 0 \quad k=1, 2, \cdots, s \\ v_i\geqslant 0 \quad i=1, 2, \cdots, m \end{cases} \tag{4.2}$$

利用 Charnes-Cooper 变换，令：

$$\begin{cases} t = \dfrac{1}{v^T X_{j0}} \\ w = tv \\ \mu = tu \end{cases}$$

则原分式规划转化为：

$$\begin{cases} \max \mu^T Y_{j0} = v_{P_1} \\ s.t.\ \omega^T X_{j0} - \mu^T Y_{j0} \geqslant 0\ (j = 1, 2, \cdots, n) \\ \omega^T X_{j0} = 1 \\ \omega \geqslant 0,\ \mu \geqslant 0 \end{cases} \tag{4.3}$$

$$\begin{cases} \min \theta = v_{D_1} \\ s.t.\ \sum_{j=1}^{n} X_j \lambda_j \leqslant \theta X_{j0} \\ \sum_{j=1}^{n} Y_j \lambda_j \leqslant Y_{j0} \\ \lambda_j \geqslant 0\ (j = 1, 2, \cdots, n) \end{cases} \tag{4.4}$$

其中，$D_1$ 为线性规划问题 $P_1$ 的对偶规划问题，$\lambda_j$ 为相对于 $DMU_{j0}$ 重新构造一个有效 DMU 的组合中第 j 个决策单元 $DMU_j$ 的组合比例。

### 4.1.2　DEA 方法的优势

根据前面所述，环境规制投资效率衡量的是环境规制的成本与收益比，其目的是在一定成本约束条件下使环境规制收益达到最大。而 DEA 方法以运筹学为基础，在既定条件下，针对各个输入和输出单元做目标函数，求出各决策单元的效率值，在基本原理上符合环境规制效率的评价要求。而且相对于其他方法，DEA

方法具有很多独特的优点，具体主要体现在以下几个方面。

（1）DEA方法能够实现多输入、多输出的复杂系统的效率评价；而政府投资型环境规制本身就具有复杂性和滞后性，DEA方法突出的优点是用于多个同质决策单元的相对效率评价，特别是对多投入、多产出的复杂系统的效率评价，正适合政府投资型环境规制的多项投入与产出问题。

（2）DEA方法通过运算得出一个综合相对效率值以表示效率状况，可以反映各DMU效率差距及原因，并可以通过计算松弛量和冗余量得出最佳的投入产出值，给出各非效率DMU改进的方向和程度等相关信息，这一点优于因子分析法。例如，通过效率值的地域和年份比较，DEA方法能够动态研究环境规制投资效率的趋势变化和区域差异，提供管理信息。

（3）DEA方法可以提供规模收益和技术效率情况，在这方面，其他效率评价方法难以做到。

（4）在DEA方法中，各决策单元输入、输出的权重由数学规划产生，避免了人为赋权的干扰，规避了专家评分法与弹性分析法在指标权重方面存在的缺陷，在效率评价过程中排除了很多主观因素，因而相对其他一些方法DEA方法更具客观性。

（5）作为一种非参数估计方法，使用DEA方法不必确定前沿生产函数的显式表达式及预设参数。而环境数学模型法在运用时必须事先掌握相应数据之间的内在联系，明确生产函数的具体形式，这往往对环境数学模型法的运用带来极大的困难。

（6）DEA方法依靠纯技术路线，在效率评价的数据使用上没有过多的限制，比率数据、排序数据等不同类型数据可以不必提前无量纲化和标准化而统一参与运算，与价格可以无关，只要都使用相同计量单位，评价结果不受影响。

传统DEA模型主要包括CCR模型和BBC模型，虽然两种模型可以计算决策单元的相对有效性和无效性，但是也存在一定局限性，体现在无法比较处于生产前沿面的有效单元相互之间的相对效率值的高低，因为这些有效单元的评价值都为 1。为了解决这一问题，安德森和彼特森（Andersen and Petersen，1993）将被评价的决策单元从效率边界中剔除，以剩余的决策单元为基础，形成新的效率边界，计算剔除的决策单元到新的效率边界的距离，从而使得全体决策单元可以实现完全排序。由于有效的决策单元效率大于 1，从而引入超效率（super-efficiency）的方法。改进后的超效率 DEA 模型允许决策单元的相对效率评价值大于 1，进而可以比较所有决策单元的相对效率的高低。模型改进原理如图4 －2所示。

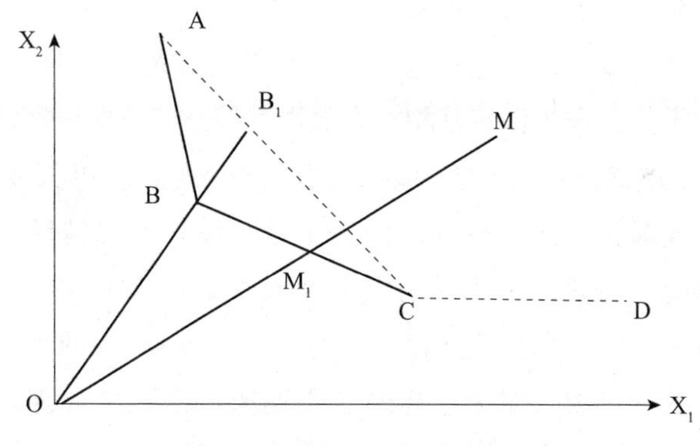


**图 4 －2　超效率 DEA 评价方法**

在图 4 －2 中，运用超效率 DEA 模型计算 B 点的效率值时，将其排除在决策单元的参考集之外，则有效生产前沿面就由 ABCD 变为 ACD，B 点的效率值就由原来的 1 变为：

$$TE_B = \frac{OB_1}{OB} > 1$$

而原来就是 DEA 无效的 M 点，其生产前沿面仍然是 ABCD，评价值与 CCR 模型一致，仍为：

$$TE_M = \frac{OM_1}{OM} < 1$$

用模型表示为：

$$\min\theta = \nu_{D_1}$$

$$(CCR)\ s.t.\begin{cases}\sum\limits_{\substack{j=1\\ j\neq j_0}}^{n} X_j\lambda_j \leqslant \theta X_{j_0}\\ \sum\limits_{\substack{j=1\\ j\neq j_0}}^{n} Y_j\lambda_j \geqslant Y_{j_0}\\ \lambda_j \geqslant 0, j = 1, \cdots, n\end{cases} \tag{4.5}$$

式（4.5）与式（4.4）的区别在于生产可能集（约束条件）没有包括被评价单元 $j_0$，即在评价 $j_0$ 时，将其与其他决策单元的线性组合做比较，而不包括 $j_0$ 本身，结果是有效的 DMU 有可能按比例增加投入，而仍保持其相对有效性。

另外，传统 DEA 模型的前提均假定投入项与产出项必须同比例的增加或减少，是一种径向距离函数，没有考虑到投入和产出的松弛情况。但是，在实际的经济投入产出过程中，生产的投入总是会带来一些“非期望产出”，例如，生产过程中的废水废气等环境污染物的排放。对于这样的“非期望产出”的处理，传统的 DEA 模型却无法反映真实的效率水平。针对这一问题，托恩（Tone，2001）运用方向性生产函数提出了 SBM-DEA 模型。SBM 模型基于非径向、非角度的度量方法，将投入产出的松弛变量直接引入目标函数，可直接测量松弛所带来的与生产前沿面相比的非效率，有效地解决了投入产出松弛问题，避免了传统 DEA 模型基于径向和角度所造成的偏差，从而有效解决了传统 DEA 模型无法评价“非期望产出”的问题。在决策单元 $DMU_0$ 有 m 种要素投入和 S 种产出的情况下，SBM 模型可表示为：

$$\min\rho = \frac{1 - \frac{1}{m}\sum_{i=1}^{m} s_i^- / x_{i_0}}{1 + \frac{1}{s}\sum_{r=1}^{s} s_i^+ / y_{r_0}} \tag{4.6}$$

$$\text{s. t. } x_0 = X\lambda + s^-$$

$$y_0 = Y\lambda - s^+$$

$$\lambda \geqslant 0,\ s^- \geqslant 0,\ s^+ \geqslant 0$$

其中，$\rho$ 为效率评价指标；$x_0$ 和 $y_0$ 分别为该决策单元的投入向量与产出向量，$x_{i_0}$ 和 $y_{r_0}$ 分别为 $x_0$ 和 $y_0$ 的元素；X 和 Y 为决策单元的投入产出矩阵；s 表示投入、产出的松弛量，$\lambda$ 为列向量。当 $\rho = 1$ 时，该相应决策单元是有效的，等价于 $s^- = 0$，$s^+ = 0$，即在最佳状态下既没有投入冗余也没有产出的不足；当 $0 < \rho < 1$ 时，说明该决策单元是非有效的，它可以通过改进，消除投入冗余量及产出的不足，实现最佳效率。即：$x_0^* = x_0 - s^-$，$y_0^* = y_0 + s^+$。

为解决超效率模型所测算的效率值可能出现无法估计的情况，托恩（2002）在 SBM 模型的基础上提出了 Super-SBM 模型，它以 SBM 模型为基础来估计决策单元的超效率值，解决了多个有效决策单元的 SBM 效率值为 1 时无法排序的问题。假设有 n 个决策单元，每个决策单元有 m 个投入要素和 k 个产出要素，其形式如下：

$$\min\left[\theta - \varepsilon\left(\hat{e}^T s^- + e^T s^+\right)\right]$$

$$\text{s. t. } \sum_{\substack{j=1 \\ j \neq j_0}}^{n} \lambda_j x_j + s^- = \theta x_{j_0}$$

$$\sum_{\substack{j=1 \\ j \neq j_0}}^{n} \lambda_j x_j - s^+ = y_{j_0} \tag{4.7}$$

$$\lambda_j \geqslant 0,\ j = 1,\ \cdots,\ n;$$

$$s^+ \geqslant 0,\ s^- \geqslant 0$$

一个有效的决策单元可以使其投入比例增加，而效率值保持不变，投入增加比例即其超效率评价值。实际上，这个模型中只是对有效单元评价计算时，去掉了效率指标小于等于1的约束条件，此时会得到大于等于1的效率，称之为超效率值，以区别SBM模型计算的效率值。Super-SBM模型既弥补了多个有效决策单元相互之间SBM效率值无法比较高低的问题，又通过非径向的效率测算方式弥补了超效率DEA模型无法估计的弊端。因此，Super-SBM模型能够更为真实地反映农业环境规制投资效率评价的本质。本书采用Super-SBM方法测度中国各地区农业环境规制的投资效率水平。

## 4.2 评价的指标体系构建

构建科学可行的评测指标体系是农业环境规制投资效率评价的关键。本书在综合国内外相关研究成果的基础上，借鉴主流研究中的环境规制费用—收益理论，按照DEA方法对指标选择与设定的要求，结合国情构建了中国农业环境规制投资效率评价的指标体系。

### 4.2.1 评价指标体系的设计原则

环境规制投资效率评价指标体系的指标设计应符合以下原则。

（1）科学性原则。任何指标体系都应该建立在科学的理论基础之上，指标的选择与设置应该明确。对于环境规制绩效的指标体系而言，科学性的原则体现在，选择评价指标应符合本书关于农业环境规制投资效率的界定，指标的选择与设置反映客观实际，能够实现投资效率评价的目的。

（2）系统性原则。对于投资型环境规制的指标体系而言，指标体系的建立应遵循系统论的思想。指标体系不仅可以从层次和角度方面静态反映环境规制的效率实际，还可以动态地反映其发展变化趋势。

（3）可行性原则。指标体系的建立要考虑统计方法应用的可操作性，应尽量选择具有代表性并有可计算数据的综合指标，辅之以部分辅助指标。

（4）可比性原则。构建农业环境规制投资效率测度指标体系，评价指标要可以进行系统的横向比较分析。

### 4.2.2　评价指标体系的构成

本书根据国内外已有研究成果，按照费用—收益分析框架，在综合分析所涉及指标的可获得性、数据连贯性及可比性的基础上，分别从环境规制的投资成本指标和收益指标两大部分七项指标，构建中国农业环境规制投资效率评价指标体系。具体指标描述如表 4－1 所示。

**表 4－1　　中国农业环境规制投资效率评价指标体系**

| | | | |
|---|---|---|---|
| 中国农业环境规制投资效率评价指标体系 | 成本指标 | 人力投入指标 | 县级环境部门专职人员数（人） |
| | | 物力投入指标 | 农业沼气工程情况年末累计（万立方米） |
| | | | 农业太阳能设施（万平方米） |
| | | 财力投入指标 | 农业环境规制资金投入（亿元） |
| | 收益指标 | 环境质量指标 | 农村改水率（%） |
| | | | 农村改厕率（%） |
| | | 污染控制指标 | 农业面源污染等标排放量（万立方米） |

表 4－1 中各指标的内涵以及计算方法分析如下。

（1）成本指标。成本是指某一经济主体为了获得某种利益而必须耗费一定的资源，所费资源的货币化表现称为成本。制度经济学家一般认为，制度成本主要由制度设计和组织实施的费用、制度变迁产生的费用和损失、随机产生的费用等部分组成。环境规制作为政府社会性规制的一种，是政府规制机构依据相关法律对微观市场主体的环境污染行为进行的直接干预，实施过程中也会产生成本。

也有学者按照研究的侧重点不同，将规制成本做了更具体的分类。从机会成本角度考虑，部分学者将规制的成本分为会计成本和隐性成本。其中，会计成本指的是政府运用财政预算在实施一项规制上的支出；隐性成本指的是被规制者为履行规制所需承担的费用。还有学者认为，规制成本可以分为直接成本和间接成本。其中，直接成本由规制的制定成本、规制的总投资以及执行规制所需的人力投入等组成；间接成本是指社会由于遵守和执行规制导致的商品和服务的损失及产量的减少。本书研究的主要对象是农业环境规制中投资型环境规制，研究这种农业环境规制的投资效率问题。会计成本和直接成本一般是可以被量化的成本，主要包括政府实施环境规制的整体过程中运用财政预算资金所投入的人力、物力、财力等的总和；而隐性成本和间接成本一般较难量化，包括被规制主体效率的损失以及间接产生的治污费用。本书认为，对于农业环境规制的投资成本的分类，本质上可以从量化的难易程度进行划分，故将农业环境规制的投资成本分为直接成本与间接成本两类。由于农业环境规制的间接投资成本数据可得性较差以及量化的困难，参照主要研究文献的方法，本书将可量化的政府在农业环境保护上的投入指标作为环境规制成本指标，具体指标如下。

①人力投入。农业环境规制的人力投入指标，主要指的是政

府负责农业环境保护和治理的行政主管部门人数。人力投入指标值越大，说明农业环境规制人力成本投入越多，在指标体系中为正向指标。本书用农业县域环保机构人员数代表人力投入指标。

②物力投入。针对农业环境规制的物力投入指标，主要指的是现存的农业环境污染治理设施台数。该指标值越大，代表农业环境规制的物力成本越多，在指标体系中为正向指标。考虑到农业的特点和数据可得性，本书运用农业大中型沼气工程产气量和太阳能热水器使用面积代表物力投入指标。

③财力投入。农业环境规制的财力投入指标，主要指的是政府在农业污染源治理和农村环境基础设施建设的新增资金投入中，用于形成固定资产的资金。财力投入指标值越大，说明农业环境规制的财力成本越多，在指标体系中是正向指标。考虑到数据的可获得性，本书选择农业农村改水改厕投资总额代表农业环境规制的财力投入指标。

（2）收益指标。农业环境规制在投资收益方面的体现主要是基于政府实行一项环境规制投资而引起环境改善程度，多数学者是从环境规制过程中的控制指标（动态指标）与环境规制实施后的质量指标（静态指标）两个方面来衡量，本书也从这两方面分析农业投资型环境规制的实施成果，将收益指标分为污染控制指标和环境质量指标，具体指标解释如下。

①环境质量。一是农村改水率。农村改水率指标是指由于政府在农村基础设施建设资金的投入，使得农村供水设施得到改善，饮用上清洁卫生饮用水的农村人口占农村总人口的比例。所以，该指标越高，说明农业环境质量效果越好，能从源头更好地控制农业环境污染的产生。二是农村改厕率。农村改厕率即农村卫生厕所普及率，厕所卫生不良的状况，导致严重的环境污染，卫生厕所的推广也有利于提高土壤肥力，减少臭气排放，降低对水体

及土壤污染，减轻农产品细菌危害。同样，该指标越高，说明农业环境质量效果越好。

②污染控制。农业面源污染（rural non-point source pollution）是指在农业生产活动中，农田中的泥沙、营养盐、农药及其他污染物，在降水或灌溉过程中，通过农田地表径流、壤中流、农田排水和地下渗漏，进入水体而形成的面源污染，其中，农业生产活动中的氮素和磷素等营养物、农药以及其他有机或无机污染物是最为广泛的面源污染。① 政府实施一项投资型环境规制，其投资收益很大程度体现在对农业面源污染的控制上，农业面源污染指标可以反映农业环境规制的污染控制程度，该指标越低，说明农业投资型环境规制起到了抑制农业面源污染物的作用。

由于《中国环境年鉴》从2011年开始对农业面源污染排放量进行相关统计，所以2011年之前的相关数据需要进行核算。对于农业面源污染的核算，现有文献主要有四种核算方法：第一种方法是基于水流域的模拟和试验，根据模拟试验的数据结果进行核算。这种方法需要布置一定数量的观测点，监测成本较高，对于地域广阔的农业污染的核算难以实现。第二种方法是基于物量平衡的基本原理，由于农业生产资料诸如化肥农药等过度使用将成为污染，因此，部分学者利用过剩的氮、磷等来计算农业污染。这种核算方法不能真正反映农业生产资料化学元素循环过程，难以准确地反映农业污染的实际情况。第三种方法是以化肥农药的使用量、养殖业废料的排放量等统计指标直接代替农业面源污染。这种方法指标比较单一，难以全面反映区域农业面源污染的差异。

① 闵继胜，孔祥智．我国农业面源污染问题的研究进展［J］．华中农业大学学报（社会科学版），2016（02）：59－66.

第四种方法是基于综合调查的清单分析方法。这种方法相对于其他核算方法能够比较全面准确地反映农业污染情况，同时核算成本较小，目前成为主流的农业面源污染核算方法。因此，在综合对比分析的基础之上，本书也基于清单分析法对中国省际农业面源污染量进行核算。

运用清单分析法计算农业面源污染，首要步骤是确定主要污染源。基于现有研究文献，本书所需核算的农业面源污染来源为以下四类，如表4－2所示。

**表4－2　农业面源污染产污单元清单**

| 污染来源 | 调查单元 | 调查指标 | 单位 | 排放清单 |
|---|---|---|---|---|
| 农田化肥 | 氮肥、磷肥、复合肥 | 施用量（折纯） | 万吨 | TN、TP |
| 农业固体废弃物 | 稻谷、小麦、玉米、豆类、薯类、油料、蔬菜 | 总产量 | 万吨 | COD、TN、TP |
| 畜禽养殖 | 牛、猪、羊、家禽 | 年末存栏量 | 万头（只） | COD、TN、TP |
| 水产养殖 | 淡水养殖 | 总养殖面积 | 千公顷 | COD、TN、TP |

注：猪和肉禽以其年内出栏量来统计。

各个污染来源农业面源污染排放量的计算公式为：

$$E = \sum_{i=1}^{n} EU_i \rho_i (1 - \eta_i) C_i \tag{4.8}$$

其中，E为农业面源污染排放量，主要为化学需氧量（COD）、总氮（TN）和总磷（TP）三类；$EU_i$ 为单元i的统计量；$\rho_i$ 为单元i污染物的产污强度系数；$\eta_i$ 为单元i污染物的利用率系数；$EU_i$ 和 $\rho_i$ 之积是农业污染排放量；$C_i$ 为单元i污染物的排放系数。参照《污染源普查农业源系数手册》以及现有研究成果，本书确定了中国省际农业污染产污强度系数、利用系数和流失系数，具体参数如表4－3所示。

表 4-3 农业面源污染产污强度影响参数

| 活动类别 | 影响参数 |
|---|---|
| 农田化肥 | 复合肥的氮、磷含量（%），氮、磷利用率（%） |
| 固体废弃作物 | 秸秆粮食比（%）、各种作物秸秆的产污系数（千克/吨）、秸秆养分流失率（%） |
| 畜禽养殖 | 畜禽粪尿排放量及其 TN、TP、COD 排泄系数（千克/头/年）折算、利用率（%）、流失率（%） |
| 水产养殖 | 养殖面积、COD、TN、TP 排污系数（千克/千公顷） |

资料来源：赖斯芸（2004）、陈敏鹏（2006）、梁流涛（2009）和第一次全国污染源普查领导小组办公室《全国第一次污染源普查农业源系数手册》等资料。

为了在研究过程中具有统一的标准，本书根据 GB3838—2002 中的Ⅲ类水质标准，将 COD、TN、TP 污染物转换为等标污染排放量。计算公式为：等标污染排放量（立方米）=污染物排放总量/污染物排放评价标准。其中，COD、TN、TP 污染物排放评价标准分别为 20 毫克/升、1 毫克/升和 0.2 毫克/升。①②

# 4.3 数据来源

## 4.3.1 评价指标数据来源

环境规制投资效率评价指标数据主要来源于 2006～2016 年《中国统计年鉴》《中国环境统计年鉴》《中国环境年鉴》《中国农村统计年鉴》。鉴于 DEA 方法对异常数据的敏感性，考虑到数据

① 陈勇，冯永忠，杨改河．陕西省农业非点源污染的环境库兹涅茨曲线验证［J］．农业技术经济，2010（07）：22-29.

② Pang J.，Chen X.，Zhang Z.，et al. Measuring Eco-Efficiency of Agriculture in China［J］. Sustainability，2016，8（04）：14408-14426.

可获得性，本书的分析不包含香港特别行政区、澳门特别行政区和台湾地区、西藏自治区。

### 4.3.2　指标变量的描述统计

时间动态趋势分析的结果表明，2005～2015 年，中国农业环境规制资金投入经历了从迅猛增长到稳中有降的过程，2005～2010 年，政府对农业环境规制的资金投入快速增长，由 147.48 亿元上升到 409.96 亿元。之后从 2011 年开始到 2015 年，农业环境规制资金投入出现波动，在 400 亿元上下浮动，2014 年达到最高值 439.82 亿元（见图 4－3）。从整体趋势来看，说明近年来政府在农业环境规制方面的资金投入一直处于较高水平。

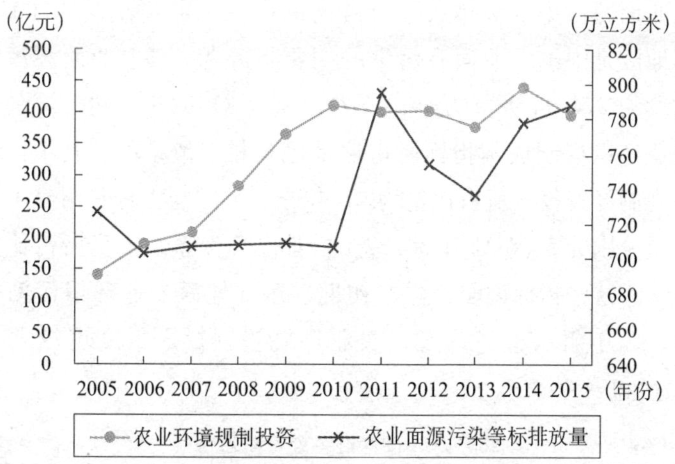


**图 4－3　2005～2015 年中国农业环境规制资金投入与农业环境污染变动趋势**

资料来源：根据《中国统计年鉴》（2006～2016 年）、《中国环境年鉴》（2012～2016 年）数据以及式（4.8）计算的数据绘制。

但是，从农业环境规制实施效果，即农业环境规制的投资收益来看，农业面源污染等标排放量并没有出现明显下降趋势，十一年间处于一种上下波动走势。具体来看，农业面源污染等标排放量从2005年的727万立方米下降到2006年的703.5万立方米，2007～2010年，一直维持在700万～710万立方米这一区间。2011年，农业面源污染等标排放量又上升到795.08万立方米，之后下降到2013年的736.98万立方米，并重新呈现一种上升的趋势，2015年达到787.89万立方米。从这样的结果来看，尽管农业环境规制资金投入一直处于较高水平，但是规制实施效果似乎并没有很好体现。

为了更详尽地进行比较，本书分东部、中部、西部和东北部地区，重点分析农业环境规制的投资成本和收益各自所占比重，以描述各区域样本期间成本和收益指标的变化趋势。从区域来看，不同地区农业环境规制成本方面的投入（包括人力、物力、财力）和农业面源污染等标排放量所占比重存在一定差异。在2005年，东部地区是中国农业面源污染的主要制造者，其农业面源污染物排放量为274.94万立方米，所占比重为37.82%。同时，东部地区农业环境规制成本指标所占比重也是相对较多的，其中，农业环境规制经费投入所占比重为47.42%，太阳能工程和沼气工程所占比重分别为59.61%和36.22%，县乡环保系统人员所占比重为33.1%。这些指标说明，样本初期，东部地区农业环境污染较为严重，为了解决这一问题，农业环境规制投入力度也较大（见表4－4和表4－5）。

**表4－4　2005年不同区域各变量所占份额**

| 区域 | 农业环境规制经费投入 | | 太阳能工程 | | 沼气工程 | | 县乡环保系统人员 | | 农业面源污染等标排放量 | |
|---|---|---|---|---|---|---|---|---|---|---|
| | 亿元 | % | 万平方米 | % | 万立方米 | % | 人 | % | 万立方米 | % |
| 全国 | 147.48 | 100 | 3205.6 | 100 | 22985.1 | 100 | 106339 | 100 | 727.00 | 100 |

续表

| 区域 | 农业环境规制经费投入 | | 太阳能工程 | | 沼气工程 | | 县乡环保系统人员 | | 农业面源污染等标排放量 | |
|---|---|---|---|---|---|---|---|---|---|---|
| | 亿元 | % | 万平方米 | % | 万立方米 | % | 人 | % | 万立方米 | % |
| 东部 | 69.94 | 47.42 | 1910.7 | 59.61 | 8324.6 | 36.22 | 35199 | 33.10 | 274.94 | 37.82 |
| 中部 | 15.94 | 10.81 | 512.4 | 15.98 | 10421.4 | 45.34 | 39381 | 37.03 | 210.99 | 29.02 |
| 西部 | 56.22 | 38.12 | 659.4 | 20.57 | 1032.9 | 4.49 | 21273 | 20.00 | 186.49 | 25.65 |
| 东北部 | 5.38 | 3.65 | 123.1 | 3.84 | 441.5 | 1.92 | 10323 | 9.71 | 54.57 | 7.51 |

注：全国数据中包含西藏自治区数据。

资料来源：根据《中国统计年鉴（2006）》《中国环境年鉴（2006）》《中国农村统计年鉴（2006）》数据计算绘制。

**表 4－5　　2015 年不同区域各变量所占份额**

| 区域 | 农业环境规制经费投入 | | 太阳能工程 | | 沼气工程 | | 县乡环保系统人员 | | 农业面源污染等标排放量 | |
|---|---|---|---|---|---|---|---|---|---|---|
| | 亿元 | % | 万平方米 | % | 万立方米 | % | 人 | % | 万立方米 | % |
| 全国 | 395.47 | 100 | 8232.6 | 100 | 250286.7 | 100 | 146161 | 100 | 787.89 | 100 |
| 东部 | 122.86 | 31.07 | 4147.1 | 50.37 | 106227.3 | 42.44 | 53431 | 35.56 | 296.13 | 37.59 |
| 中部 | 96.34 | 24.36 | 2284.5 | 27.75 | 76771.7 | 30.67 | 46559 | 31.85 | 207.35 | 26.32 |
| 西部 | 156.80 | 39.65 | 1359.1 | 16.51 | 54572.6 | 21.80 | 33859 | 23.17 | 174.57 | 22.16 |
| 东北部 | 19.47 | 4.92 | 292.6 | 3.55 | 12047.4 | 4.81 | 12312 | 8.42 | 109.84 | 13.94 |

注：全国数据中包含西藏自治区数据。

资料来源：根据《中国统计年鉴（2016）》《中国环境年鉴（2016）》《中国农村统计年鉴（2016）》数据计算绘制。

经过多年的农业环境治理，西部和中部地区农业面源污染等标排放量绝对值和相对值有所降低，2015 年，分别下降到 207.35 万立方米和 174.57 万立方米，所占比重也出现小幅变化，分别为 26.32% 和 22.16%。而东部地区和东北部地区，农业面源污染等标排放量绝对值和相对值均出现不同程度的增长，分别增长到

296.13 万立方米和 109.84 万立方米。

从农业环境规制投入方面来看，各个地区基本保持着稳步增加的趋势。各地区农业环境规制的绝对值指标均呈现明显增长，所占比重也基本保持不变。具体农业环境规制实施的效率值要通过 DEA 模型的计算来衡量。

## 4.4 投资效率测算结果

依据国内外相关文献并结合数据可得性，利用基于变动规模报酬（VRS）的 Super-SBM 模型对中国 30 个省份（不包括西藏、香港、澳门和台湾，下同）2005 ~ 2015 年的农业环境规制投资效率进行计算。为了保证结果的准确性，根据研究需要，将指标体系中的部分指标取倒数以转化成正向指标。因此，本书对于单位农业面源污染等标排放量这样的逆向指标做正向化处理，处理公式为 $y = 1/x \times 1000000$。正向化处理后的单位农业面源污染等标排放量指标越大，说明农业环境规制的收益值越高。运用 DEAP2.1 软件对投资效率进行计算，并以 2015 年 30 个省份农业环境规制投资效率的计算过程进行举例说明，结果如表 4－6 所示。

表 4－6　2015 年 30 个省份农业环境规制投资效率计算说明

| 地区 | 成本指标 | | | | 收益指标 | | | DEA 效率值 |
|---|---|---|---|---|---|---|---|---|
| | 农业环境规制经费投入（万元） | 沼气工程（万立方米） | 太阳能工程（万立方米） | 县乡环保系统人员（人） | 农业面源污染等标排放量（万立方米） | 改水率（%） | 改厕率（%） | |
| 北京 | 17187.10 | 2443.10 | 90.20 | 2124 | 5.66 | 100.00 | 98.40 | 0.30 |
| 天津 | 9850.36 | 1564.10 | 48.30 | 1207 | 6.61 | 100.00 | 93.60 | 0.15 |

续表

| 地区 | 成本指标 | | | | 收益指标 | | | DEA效率值 |
|---|---|---|---|---|---|---|---|---|
| | 农业环境规制经费投入(万元) | 沼气工程(万立方米) | 太阳能工程(万立方米) | 县乡环保系统人员(人) | 农业面源污染等标排放量(万立方米) | 改水率(%) | 改厕率(%) | |
| 河北 | 95812.26 | 9888.90 | 640.90 | 14576 | 64.95 | 99.00 | 68.82 | 1.24 |
| 山西 | 95827.22 | 2469.20 | 411.00 | 8993 | 15.20 | 91.61 | 55.95 | 0.21 |
| 内蒙古 | 83637.10 | 1768.10 | 66.70 | 4181 | 32.86 | 96.35 | 62.59 | 0.55 |
| 辽宁 | 90941.30 | 5290.40 | 144.60 | 5102 | 39.39 | 96.90 | 72.80 | 0.94 |
| 吉林 | 82591.80 | 545.70 | 66.20 | 3862 | 22.37 | 100.00 | 76.54 | 2.98 |
| 黑龙江 | 21212.20 | 6211.30 | 81.80 | 3348 | 48.09 | 99.65 | 75.92 | 2.04 |
| 上海 | 53591.60 | 2272.00 | 88.60 | 1609 | 2.75 | 99.99 | 98.70 | 0.84 |
| 江苏 | 234773.04 | 14495.40 | 860.10 | 7694 | 28.06 | 99.05 | 96.89 | 0.46 |
| 浙江 | 289760.66 | 8755.30 | 650.60 | 4663 | 14.27 | 99.21 | 96.54 | 0.29 |
| 安徽 | 173820.70 | 3988.70 | 568.60 | 3989 | 30.38 | 93.78 | 67.13 | 0.42 |
| 福建 | 101937.24 | 9325.00 | 39.10 | 3340 | 16.70 | 98.70 | 93.96 | 0.85 |
| 江西 | 94778.82 | 9606.70 | 197.60 | 3805 | 19.30 | 99.60 | 89.44 | 0.28 |
| 山东 | 178508.44 | 20241.50 | 1262.80 | 11310 | 114.75 | 99.32 | 92.18 | 0.51 |
| 河南 | 237490.02 | 38422.50 | 562.80 | 16860 | 71.97 | 91.11 | 75.64 | 0.20 |
| 湖北 | 181048.42 | 11880.60 | 328.00 | 5314 | 32.10 | 99.53 | 83.01 | 0.54 |
| 湖南 | 180408.18 | 10404.00 | 216.50 | 7598 | 38.42 | 92.83 | 74.40 | 0.28 |
| 广东 | 195599.64 | 26833.40 | 77.20 | 6201 | 35.41 | 99.20 | 92.33 | 0.51 |
| 广西 | 292699.14 | 1817.70 | 107.30 | 2636 | 19.41 | 89.83 | 85.67 | 1.18 |
| 海南 | 51564.70 | 10408.60 | 389.30 | 707 | 7.00 | 94.09 | 82.36 | 1.11 |
| 重庆 | 79056.34 | 4589.20 | 60.30 | 2859 | 9.49 | 98.94 | 66.16 | 0.26 |
| 四川 | 316119.96 | 32396.80 | 199.70 | 7011 | 37.97 | 95.41 | 77.73 | 0.38 |
| 贵州 | 184279.88 | 4059.80 | 77.80 | 3247 | 7.59 | 86.47 | 54.82 | 0.14 |

续表

| 地区 | 成本指标 | | | | 收益指标 | | | DEA效率值 |
|---|---|---|---|---|---|---|---|---|
| | 农业环境规制经费投入(万元) | 沼气工程(万立方米) | 太阳能工程(万立方米) | 县乡环保系统人员(人) | 农业面源污染等标排放量(万立方米) | 改水率(%) | 改厕率(%) | |
| 云南 | 149451.64 | 373.40 | 380.40 | 3872 | 11.84 | 90.77 | 64.64 | 1.18 |
| 陕西 | 175453.64 | 2404.10 | 208.10 | 4090 | 15.93 | 91.23 | 55.43 | 0.42 |
| 甘肃 | 91246.12 | 2066.10 | 126.60 | 2828 | 8.27 | 97.61 | 71.84 | 0.07 |
| 青海 | 20658.04 | 187.30 | 14.90 | 548 | 1.41 | 91.49 | 66.67 | 0.36 |
| 宁夏 | 28671.82 | 1470.10 | 64.90 | 367 | 6.11 | 95.10 | 70.33 | 0.75 |
| 新疆 | 146694.14 | 3440.00 | 52.40 | 2220 | 23.73 | 96.75 | 76.55 | 0.69 |

资料来源：根据《中国统计年鉴（2016）》《中国环境统计年鉴（2016）》《中国环境年鉴（2016）》《中国农村统计年鉴（2016）》数据计算绘制，DEA效率值为DEAP2.1软件计算结果。

DEA效率值代表了2015年30个省份农业环境规制投资效率值，其数值越高，说明该省份在2015年的农业环境规制投资相对效率越有效，说明该省份的农业环境规制的实施效率越好。DEA效率值大于1，说明该省份农业环境规制投资效率相对有效；小于1，则说明相对无效。从表4-6可以看出，吉林的农业环境规制投资效率值最高，为2.98；甘肃的农业环境规制投资效率值最低，为0.07。

参考表4-6的计算方法，本书计算了2005~2015年30个省份农业环境规制投资效率值，如表4-7所示。

**表4-7　2005~2015年中国农业环境规制投资效率值**

| 地区 | 2005年 | 2006年 | 2007年 | 2008年 | 2009年 | 2010年 | 2011年 | 2012年 | 2013年 | 2014年 | 2015年 |
|---|---|---|---|---|---|---|---|---|---|---|---|
| 北京 | 0.21 | 0.15 | 0.17 | 0.17 | 0.16 | 0.25 | 0.27 | 0.38 | 0.26 | 0.22 | 0.30 |
| 天津 | 0.10 | 0.15 | 0.12 | 0.12 | 0.11 | 0.14 | 0.14 | 0.14 | 0.12 | 0.10 | 0.15 |

续表

| 地区 | 2005年 | 2006年 | 2007年 | 2008年 | 2009年 | 2010年 | 2011年 | 2012年 | 2013年 | 2014年 | 2015年 |
|---|---|---|---|---|---|---|---|---|---|---|---|
| 河北 | 0.26 | 0.38 | 1.11 | 1.11 | 1.12 | 1.10 | 0.47 | 0.66 | 0.32 | 0.22 | 1.24 |
| 山西 | 0.25 | 0.08 | 0.06 | 0.07 | 0.18 | 0.29 | 0.27 | 0.19 | 0.23 | 0.20 | 0.21 |
| 内蒙古 | 0.51 | 1.02 | 1.06 | 1.07 | 0.41 | 1.01 | 0.65 | 0.65 | 0.54 | 0.42 | 0.55 |
| 辽宁 | 0.48 | 0.53 | 0.67 | 0.67 | 0.66 | 1.01 | 1.02 | 1.04 | 0.69 | 0.65 | 0.94 |
| 吉林 | 1.05 | 2.35 | 1.13 | 1.14 | 2.07 | 2.37 | 1.82 | 1.88 | 2.46 | 3.59 | 2.98 |
| 黑龙江 | 1.35 | 1.07 | 1.52 | 1.53 | 1.38 | 1.34 | 1.76 | 1.83 | 1.78 | 2.13 | 2.04 |
| 上海 | 1.46 | 1.00 | 1.00 | 1.00 | 1.00 | 1.06 | 0.98 | 1.10 | 0.91 | 0.87 | 0.84 |
| 江苏 | 0.18 | 0.29 | 0.30 | 0.30 | 0.23 | 0.32 | 0.31 | 1.03 | 0.21 | 0.23 | 0.46 |
| 浙江 | 0.20 | 0.18 | 0.25 | 0.25 | 0.33 | 0.35 | 0.31 | 0.35 | 0.21 | 0.19 | 0.29 |
| 安徽 | 0.46 | 1.02 | 0.56 | 0.57 | 0.50 | 0.68 | 0.55 | 0.67 | 0.39 | 0.36 | 0.42 |
| 福建 | 1.04 | 1.03 | 1.15 | 1.16 | 1.20 | 1.14 | 1.07 | 1.18 | 0.72 | 0.67 | 0.85 |
| 江西 | 0.37 | 0.35 | 0.48 | 0.48 | 0.48 | 0.42 | 0.35 | 0.40 | 0.25 | 0.23 | 0.28 |
| 山东 | 0.37 | 0.30 | 0.51 | 0.52 | 1.05 | 1.01 | 0.44 | 0.74 | 0.28 | 0.27 | 0.51 |
| 河南 | 0.42 | 0.15 | 0.25 | 0.25 | 0.28 | 0.31 | 0.26 | 0.29 | 0.20 | 0.17 | 0.20 |
| 湖北 | 0.30 | 0.26 | 0.35 | 0.35 | 0.35 | 0.45 | 0.46 | 1.01 | 0.31 | 0.28 | 0.54 |
| 湖南 | 0.27 | 0.26 | 0.37 | 0.37 | 0.43 | 0.40 | 0.34 | 0.34 | 0.23 | 0.19 | 0.28 |
| 广东 | 0.31 | 0.37 | 1.02 | 1.03 | 0.51 | 0.50 | 0.50 | 0.55 | 0.54 | 0.52 | 0.51 |
| 广西 | 1.16 | 1.01 | 1.14 | 1.15 | 1.12 | 1.16 | 1.16 | 1.17 | 1.09 | 1.20 | 1.18 |
| 海南 | 1.37 | 1.48 | 1.24 | 1.25 | 1.08 | 1.12 | 1.21 | 1.22 | 1.15 | 1.22 | 1.11 |
| 重庆 | 0.27 | 0.18 | 0.29 | 0.29 | 0.23 | 0.26 | 0.27 | 0.41 | 0.20 | 0.19 | 0.26 |
| 四川 | 0.34 | 0.27 | 0.54 | 0.54 | 0.35 | 0.46 | 0.43 | 0.55 | 0.28 | 0.27 | 0.38 |
| 贵州 | 0.19 | 0.60 | 0.40 | 0.41 | 0.20 | 0.23 | 0.21 | 0.23 | 0.17 | 0.20 | 0.14 |
| 云南 | 0.49 | 1.21 | 1.08 | 1.09 | 1.06 | 1.09 | 1.09 | 1.21 | 1.06 | 1.00 | 1.18 |
| 陕西 | 1.00 | 1.24 | 1.42 | 1.43 | 0.24 | 0.32 | 0.29 | 0.31 | 0.19 | 0.18 | 0.42 |
| 甘肃 | 0.67 | 1.11 | 0.44 | 0.44 | 0.17 | 0.36 | 0.28 | 0.30 | 0.26 | 0.24 | 0.07 |
| 青海 | 0.79 | 0.70 | 0.69 | 0.66 | 0.63 | 0.58 | 0.53 | 0.48 | 0.42 | 0.41 | 0.36 |
| 宁夏 | 1.02 | 0.12 | 1.01 | 1.01 | 0.70 | 0.71 | 1.06 | 1.17 | 1.01 | 0.74 | 0.75 |
| 新疆 | 1.00 | 1.32 | 1.43 | 1.44 | 1.04 | 1.20 | 1.09 | 1.12 | 1.01 | 0.77 | 0.69 |

资料来源：根据《中国统计年鉴》（2006～2016年）、《中国环境统计年鉴》（2006～2016年）、《中国环境年鉴》（2006～2016年）、《中国农村统计年鉴》（2006～2016年）数据，运用DEAP2.1软件计算结果绘制。

从表4－7可以得出，2005～2015年，中国农业环境规制投资效率整体平均值（表4－7所有数据的平均值）为0.67，这说明中国农业环境规制投资效率仍存在较大的效率损失。从时间分布来看，图4－4直观地显示了2005～2015年中国农业环境规制投资效率整体趋势情况。

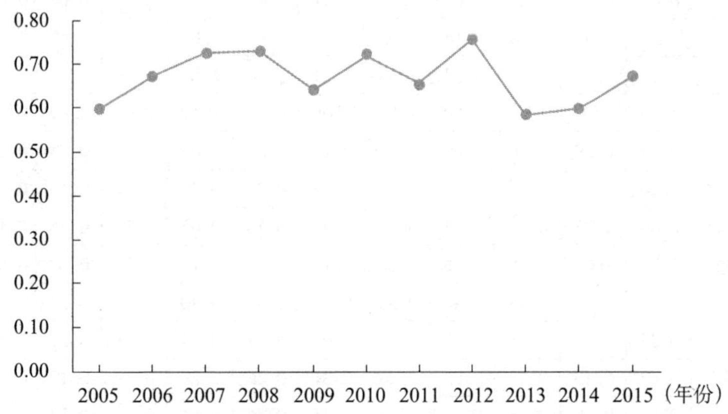


**图4－4　中国农业环境规制投资效率时间动态趋势**

注：中国农业环境规制投资效率值为样本期间各年省级投资效率的平均值。

资料来源：根据表4－7计算结果绘制。

图4－4显示，2005～2015年，尽管环境规制人力、物力、财力等投入均不断增加，总体上，中国农业环境规制投资效率并未呈现出明显的逐年上升的态势，一直小于1，处于一种非效率状态，并呈现出一种上下波动态势。这一方面说明整体上中国农业环境规制还存在严重的投入冗余和产出低效，仍存在较大的效率损失；另一方面，也意味着中国农业发展还存在着较大的资源节约和环境保护的空间，农业环境规制投资效率改进潜力较大。分阶段来看，2005年以后，农业环境规制投资效率开始稳步上升，由2005年的0.60增加到2008年的0.73；2008～2012年，中国农

业环境规制投资效率基本上呈现出波动中上升的态势，历经了两次小幅度的波动后，中国农业环境规制投资效率在 2012 年达到了样本期间的效率最高值 0.75，但 2013 年和 2014 年出现了效率值下滑，2015 年的农业环境规制效率水平又有所上升。出现这种波动趋势与相关政策出台不无关系。2005 年，中央政府提出建设社会主义新农村，将治理农村环境、整洁村容作为工作重点；2006 年，国家环保部出台了《农产品产地安全管理办法》。在这样的政策环境下，2005～2008 年，我国农业环境规制投资效率水平明显上升。而 2008 年颁布的《水污染防治法》、2010 年出台的《畜禽养殖业污染防治技术政策》等具体资源环境规制政策，中央以及地方政府层面的积极行动带动了全国范围内的农业资源环境保护工作，也为 2009 年之后中国环境规制效率水平的波动上升提供了政策支撑。

进一步将全国划分为东部地区、东北地区、中部地区以及西部地区四大区域，则四大区域的农业环境规制投资效率的时序演变情况如图 4－5 所示。

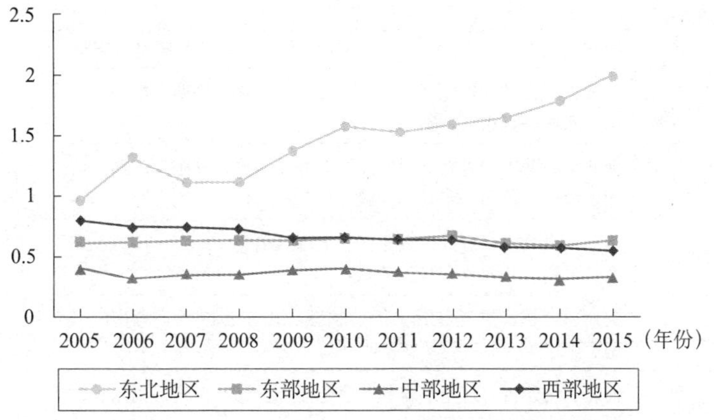


**图 4－5　2005～2015 年中国农业环境规制投资效率区域变动趋势**

资料来源：根据《中国统计年鉴》（2006～2016 年）数据计算绘制。

由图4－5可以看出：东北部地区农业环境规制投资效率由2005年的0.96增加到2015年的1.99。总体呈明显的波动上升态势，并且十一年间的农业环境规制投资效率明显高于东部、中部和西部地区。这意味着相对于东北部地区而言，中国东部、中部、西部地区的农业环境规制是相对较为粗放的。同期，东部地区农业环境规制投资效率则呈现前期平稳、后期波动的态势，2010年之前，东部农业环境规制投资效率维持在0.5～0.7，2011～2015年，效率波动则较大，并且在2012年后开始经历较为明显的下降，在2014年跌至最低值0.45，2015年上升为0.63。相对于东北地区的农业环境规制投资效率，西部地区则表现出了相反的态势，总体呈波动下降的过程，农业环境规制投资效率由2005年的0.68跌至2015年的0.54。中部地区效率值一直运行在低位，起伏不大。

从分区域分布来看，2005～2015年，30个省份农业环境规制效率水平大于和等于1的，结果如表4－8所示。

**表4－8　2005～2015年中国农业环境规制相对有效省份**

| 年份 | 省份 | 数量 |
|---|---|---|
| 2005 | 吉林、黑龙江、上海、福建、广西、海南、陕西、宁夏、新疆 | 9 |
| 2006 | 内蒙古、吉林、黑龙江、上海、安徽、福建、广西、海南、云南、陕西、甘肃、新疆 | 12 |
| 2007 | 河北、内蒙古、吉林、黑龙江、上海、福建、广东、广西、海南、云南、陕西、宁夏、新疆 | 13 |
| 2008 | 河北、内蒙古、吉林、黑龙江、上海、福建、广东、广西、海南、云南、陕西、宁夏、新疆 | 13 |
| 2009 | 河北、吉林、黑龙江、上海、福建、山东、广西、海南、云南、新疆 | 10 |
| 2010 | 河北、内蒙古、辽宁、吉林、黑龙江、上海、福建、山东、广西、海南、云南、新疆 | 12 |
| 2011 | 辽宁、吉林、黑龙江、福建、广西、海南、云南、宁夏、新疆 | 9 |

续表

| 年份 | 省份 | 数量 |
|---|---|---|
| 2012 | 辽宁、吉林、黑龙江、上海、江苏、福建、湖北、广西、海南、云南、宁夏、新疆 | 12 |
| 2013 | 吉林、黑龙江、广西、海南、云南、宁夏、新疆 | 7 |
| 2014 | 吉林、黑龙江、广西、海南、云南 | 5 |
| 2015 | 吉林、黑龙江、广西、海南、云南 | 5 |

从表 4 - 8 中可以看出，2005 ~ 2015 年，中国农业投资型规制效率相对有效的省份在 5 ~ 13 个之间，不到全国省份数量的一半。其中，海南、吉林、黑龙江、云南和广西表现最为突出，在大多数年份里效率值都位居前列，说明这 5 个地区在农业环境规制过程中更注重农业环境资源的合理利用和环境的保护。从地区分布来看，东北部和东部地区的省份数量要多于中部和西部地区。中部和西部地区只有新疆和广西两省份一直处于相对有效的集群内，农业环境规制投资效率并不理想。尽管东北部地区的农业环境规制投资效率在 2005 ~ 2015 年呈现出较大的变动，但东北三省的环境规制成本—收益资源配置状况相差悬殊，吉林和黑龙江两省一直主导着全国农业环境规制投资效率的创新，辽宁仅在 2010 ~ 2012 年实现了有效的农业环境规制投资效率，而其他时间农业环境规制投资效率水平一直处于非效率状态。东部地区除北京之外，都有省份进入效率集群，但是波动较大，效率排名并不稳定，只有海南一直位于效率区间。从中部六省份来看，2005 ~ 2015 年，环境规制有效的只有湖北，整体呈现一种相对无效的状态，农业环境规制投资效率亟待进一步提升。从西部地区来看，广西、新疆和云南表现较突出，广西一直处于有效水平，云南仅在 2005 年处于非效率状态，新疆在 2014 年和 2015 年处于非效率状态；内蒙古和宁夏则波动较大。

综上所述，通过对中国整体、区域以及30个省份的农业环境规制的投资效率时间动态趋势分别进行分析，结果显示，中国整体农业环境规制的投资效率水平在样本考察期间随时间变化存在明显波动，东部、中部、西部和东北部地区四大区域的农业环境规制投资效率水平呈现显著差异。研究结果表明，东部及东北部地区的农业环境规制在样本考察期间均处于相对有效状态，且呈总体向好趋势；中西部地区的农业环境规制的投资效率排序整体处于中下游水平，亟待提高。现阶段，中国各地区农业环境规制的投资效率水平之所以会呈现出明显差异，原因有很多。一方面，可能是由于不同地区政府环境投资的边际效应不同，导致同样规模的环境投资所产生的收益水平不同；另一方面，形成农业环境规制的投资效率差异性也可能是多因素共同影响的结果，例如经济发展程度、产业结构、城乡收入差异等。本书将在第6章对现阶段农业环境规制的投资效率的影响因素进行更为细致的分析。

## 4.5 本章小结

本章首先针对农业环境规制投资效率评价要求，综合比较了现有主要环境规制效率的计算方法，比较各种计算方法之间的优势和劣势，并且确定本书测算农业环境规制投资效率的方法——Super-SBM方法。其次，在确定投资效率评价方法之后，从成本和收益两方面构建了农业环境规制投资效率评价体系。最后，分别选取全国和地方层面的数据，对中国整体、区域以及30个省份的农业环境规制投资效率时间动态趋势分别进行分析。结果显示，2005~2015年，中国农业环境规制投资效率均值为0.67，一直在较低效率水平上徘徊，基本上呈现出波动中上升的态势，效率峰值为 0.75。中国整体农业环境规制投资效率水平在样本考察期间随时间变化存在明显波动，东部、中部、西部和东北部地区四大区域的农业环境规制投资效率水平则呈现不同程度的差异性，东北和东部地区的农业环境规制在样本考察期间均处于相对有效状态，且呈总体向好趋势，中西部地区的农业环境规制投资效率整体处于中下游水平。

东北部地区农业环境规制投资效率由 2005 年的 0.96 增加到 2015 年的 1.99。总体呈明显的波动上升态势，并且十一年间的农业环境规制投资效率明显高于东部、中部和西部地区。这意味着相对于东北部地区而言，中国东部、中部、西部三大区域的农业环境规制是相对较为粗放的。同期，东部地区农业环境规制投资效率则呈现前期平稳、后期波动的态势，2010 年之前，东部地区农业环境规制投资效率维持在 0.5 ~ 0.7，2011 ~ 2015 年，效率则波动较大，并且在 2012 年后开始经历较为明显的下降，在 2014 年跌至最低值 0.45，2015 年上升为 0.63。相对于东北部地区，西部地区则表现出了相反的态势，总体呈波动下降的过程，农业环境规制投资效率由 2005 年的 0.68 跌至 2015 年的 0.54。中部地区效率值一直运行在低位，起伏不大。

2005 ~ 2015 年，中国农业环境规制投资效率相对有效的省份在 5 ~ 13 个之间，不到全国省份数量的一半。其中，海南、吉林、黑龙江、云南和广西表现最为突出，在大多数年份里效率值都位居前列，说明这 5 个省份在农业环境规制过程中更注重农业环境资源的合理利用和环境保护。从地区分布来看，东北部和东部地区的省份数量要多于中部和西部地区。中部和西部地区只有新疆和广西两省份一直处于相对有效的集群内，农业环境规制投资效率并不理想。尽管东北部地区的农业环境规制投资效率在 2005 ~ 2015 年呈现出较大的变动，但东北三省的环境规制成本—收益资源配置状况相差悬殊，吉林和黑龙江两省一直主导着全国农业环境规制投资效率的创新，辽宁仅在2010~2012年实现了有效的农业环境规制投资效率，而其他时间农业环境规制投资效率水平一直处于非效率状态。东部地区除北京之外，都有省份进入效率集群，但是波动较大，效率排名并不稳定，只有海南一直位于效率区间。从中部六省份来看，2005~2015年，环境规制投资效率有效的只有湖北，整体呈现一种相对无效的状态，农业环境规制投资效率亟待进一步提升。从西部地区来看，广西、新疆和云南表现较突出，广西一直处于有效水平，云南仅在2005年处于非效率状态，新疆在2014年和2015年处于非效率状态；内蒙古和宁夏则波动较大。

# 第5章　中国农业环境规制投资效率的时空格局特征分析

衡量客观事物的分布特征，一般可以从时间和空间两个维度进行描述。时间维度描述的是客观事物的时间发展趋势，空间维度描述的是客观事物地理分布特征。第4章通过构建中国农业环境规制投资效率评价指标体系，运用Super-SBM方法将抽象的事物进行量化，得到2005~2015年中国农业环境规制的投资效率值。本章将进一步通过收敛性分析和空间关联性分析来进一步描述中国农业环境规制投资效率的时空分布特征。

## 5.1　动态发展趋势分析

从各地区农业环境规制投资效率测算结果来看，各地区之间存在明显差距，但这种分析主要是基于静态视角的定量分析。那么，中国农业环境规制投资效率水平的地区差异能否随着时间的推移而自动消除，需要我们做进一步深入分析。本章从动态视角出发，借助发展经济学相关理论和方法，分析中国地区间农业环境规制投资效率差异的动态演变趋势，以促进不同地区农业经济和资源环境的统一协调发展。

### 5.1.1 收敛假说的提出

新古典经济增长理论较早提出关于收敛性的假说，认为资本边际收益递减，并且生产要素在地区间的流动不受任何限制时，地区间的经济发展差异将会逐渐缩小甚至消失。新古典经济增长理论认为，一个地区初期的经济存量状态和其经济增长速度呈现反向关系，即经济越发达地区，其经济增长速度越趋于缓慢，而经济欠发达地区的经济增长速度较快。从长期来看，不同地区间初期的经济差异会随着时间的推移逐渐消失，体现了一种经济欠发达地区向经济发达地区追赶的动态演化过程。

收敛假说的提出为政府促进区域经济均衡协调发展提供了重要启示，是政府制定相关宏观调控政策的理论依据。如果不同地区间经济发展表现出长期收敛性，则区域间经济差异性将会逐渐缩小，不需要外部力量进行干预。但是，如果这种长期收敛性不存在，即不同地区间的经济发展表现为持续发散性，则需要政府通过外部调控对市场经济运行进行适度干预，引导资源在不同地区间的配置，从而缩小区域间的经济差异，最终实现区域经济协调发展的目的。

虽然收敛假说最初主要应用在经济增长速度的研究上，但是收敛假说所依据的方法论，却被逐步扩展到研究诸如全要素生产率（彭国华，2005；王裕瑾、于伟，2017）①②，投资（曾福生、

① 彭国华．中国地区收入差距、全要素生产率及其收敛分析［J］．经济研究，2005（09）：19－29.

② 王裕瑾，于伟．我国省际创新全要素生产率收敛的空间计量研究［J］．山东大学学报（哲学社会科学版），2017（01）：43－49.

郭珍等，2014)[①]，碳排放（Strazicich and List，2003；许广月，2010；杜克锐，2011；高广阔，2012)[②]，能源效率（潘雄峰等，2014)[③]，教育、卫生和环境效率（李佳佳、罗能生，2015)[④] 等领域。

国内外学者在研究收敛性问题过程中，一般会采用多种检验方法和标准，主要包括绝对收敛（absolute convergence)、条件收敛（conditional convergence)、俱乐部收敛（club convergence)、随机收敛（stochastic convergence）等。

（1）绝对收敛。数学中关于收敛的定义是当 x 取无穷时，函数数列趋向于一个定值，则称这个函数数列是收敛的。如果一个函数数列加绝对值以后还是收敛的，那就是绝对收敛。在经济学中，绝对收敛可以用来描述不同经济个体之间某一指标的差异性是否会随着时间发展逐渐缩小甚至消失，具体通过两种检验方法进行检验，分别是 σ 收敛检验方法和绝对 β 收敛检验方法。σ 收敛被解释为不同经济体之间某一指标差异性会随时间发展逐渐缩小。在具体的应用过程中，通过对标准差或者变异系数等指标进行 σ 收敛检验来判断是否符合绝对收敛假设。以农业环境规制投资效率为例，$Y_{i,t}$代表地区 i 的农业环境规制投资效率水平，$\bar{Y}_{i,t}$代表地区 i 的农业环境规制投资效率平均值，N 代表地区样本个数，那么标准差（S）和变异系数（CV）的计算公式分别为：

---

① 曾福生，郭珍，高鸣．中国农业基础设施投资效率及其收敛性分析——基于资源约束视角下的实证研究［J］．管理世界，2014（08）：173－174.

② Mark C. Strazicich, John A. List. Are $CO_2$, Emission Levels Converging Among Industrial Countries?［J］. Environmental and Resource Economics, 2003, 24（03）：263－271.

③ 潘雄锋，刘清，张维维．空间效应和产业转移双重视角下的我国区域能源效率收敛性分析［J］．管理评论，2014，26（05）：23－29.

④ 李佳佳，罗能生．中国区域环境效率的收敛性、空间溢出及成因分析［J］．软科学，2016，30（08）：1－5.

$$S = \sqrt{\sum_{i=1}^{N} (Y_{i,t} - \overline{Y}_{i,t})/N} \tag{5.1}$$

$$CV_{i,t} = \frac{S}{\overline{Y}_{i,t}} \tag{5.2}$$

若地区间农业环境规制投资效率的变异系数和标准差缩小，则认为发生了 σ 收敛。对于是否存在 σ 收敛还需要通过回归模型进行检验：

$$CV_{i,t} = \alpha + \sigma \cdot t + \varepsilon_{i,t} \tag{5.3}$$

其中，$CV_{i,t}$为地区农业环境规制投资效率的变异系数，α 为常数项，t 为时间变量，$\varepsilon_{i,t}$为随机扰动项。如果 $\sigma<0$，并且统计上表现为显著的，则说明地区间农业环境规制投资效率的差异程度会逐渐缩小，说明存在 σ 绝对收敛。反之，如果 $\sigma>0$，则说明地区间农业环境规制投资效率的差异程度会逐渐扩大，说明存在 σ 发散性。如果 $\sigma=0$，则意味着地区间农业环境规制投资效率的差异程度会在原有的水平上保持不变。

绝对 β 收敛是指不同经济个体间某一指标的增长速度与这一指标的初始水平呈负相关关系，即一个地区某一指标初始值越高，则其增长速度就会较低，而另一个地区该指标的初始值可能较低，但是却有着较快的增长速度，最终两个地区将达到完全相同的增长速度，并且处于一种相对稳定的状态。通过设定回归模型可以检验农业环境规制投资效率是否存在绝对 β 收敛，模型设定为：

$$\ln(Y_{i,t}/Y_{i,0})/T = \alpha + \beta\ln(Y_{i,0}) + \varepsilon_{i,t} \tag{5.4}$$

其中，T 为样本期时间跨度，$Y_{i,0}$为期初的 i 省份的农业环境规制投资效率水平，$Y_{i,t}$为 T 期的 i 省份的农业环境规制投资效率水平，$\ln(Y_{it}/Y_{i0})/T$ 是指在时间段 T 内 i 省份的农业环境规制投资效率年均增长率；α 与 β 是待估计系数，$\varepsilon_{i,t}$为随机扰动项。

（2）条件收敛。条件收敛一般的检验方法是条件 β 收敛检验，其检验的原理是，尽管两个地区间某一指标的差异性并不会随着时间的推移自动缩小，但它们各自会收敛于自身特征和条件的均衡水平，并且以这种相对稳定的状态发展。从检验原理可以看出，即使证明地区间存在 β 条件收敛，也并不证明地区间的差异性会随之消失，并达到完全相同的水平。所以，绝对 β 收敛和条件 β 收敛虽然都可以证明一项事物的发展都会收敛于稳定状态，但是两种检验所描述的稳定状态是不同的。绝对 β 收敛证明的是地区间差异性的消失，而条件 β 收敛证明的地区间事物发展会收敛于自身特征和条件，不同地区间自身特征和条件可能存在先天差异，导致地区间的差异性并不会完全消失。

条件 β 收敛的检验主要遵循两种思路：一是在收敛方程中加入一些控制变量。但是控制变量的选择并无原则可循，这种方法可能导致遗漏解释变量的问题。二是通过设定截面和时间固定效应的 Panel Data 固定效应估计方法。这种方法既可避免解释变量的遗漏，也保证了研究结果的客观性。因此，本书采用 Panel Data 双向固定效应模型对中国地区间农业环境规制投资效率进行条件 β 收敛检验。同时，本书将样本期间划分为两个时间段，具体为 2005～2009 年和 2010～2015 年，并且将农业环境规制投资效率平均值作为各个时期的变量值。农业环境规制投资效率条件 β 收敛检验的 Panel Data 双向固定效应模型为：

$$d(\ln Y_{i,t}) = \ln Y_{i,t} - \ln Y_{i,t-1} = \alpha + \beta \ln Y_{i,t-1} + \varepsilon_{i,t} \tag{5.5}$$

其中，t = 1，2，对应两个子时间段，$d(\ln Y_{i,t})$ 对应的是 i 省份在第 t 个时间段的效率对数的平均值。

（3）俱乐部收敛。俱乐部收敛是指自然条件类似地区，其经济发展状态将在长期内收敛于相同的稳态（Barro and Sala-I-Martin，1991）①。俱乐部收敛检验一般有两种方法：一是按照一定的

① Barro R. J. , Sala-I-Martin X. Convergence Across U. S. States and Regions [J]. Brookings Papers on Economic Activity, 1991, 22 (01): 107 – 182.

标准划分将不同的经济个体划分在不同的俱乐部（如按区域将中国 30 个省份划分为东部、中部、西部和东北部俱乐部），在不同的俱乐部内部进行绝对收敛和条件收敛检验；二是通过在绝对收敛和条件收敛模型中加入地区虚拟变量，以俱乐部条件收敛为例，如式（5.6）所示：

$$\ln(Y_{i,t}/Y_{i,t-1}) = \alpha + \beta_i \ln(Y_{i,t}) + \theta_i D_{i,j} + \varepsilon_{i,t} \tag{5.6}$$

其中，$D_{i,j}$代表虚拟变量，$\theta_i$ 为虚拟变量的影响系数。

### 5.1.2 中国农业环境规制投资效率的收敛检验结果

（1）σ 收敛检验。2005～2015 年，中国农业环境规制投资效率的变异系数计算结果如图 5－1 所示。

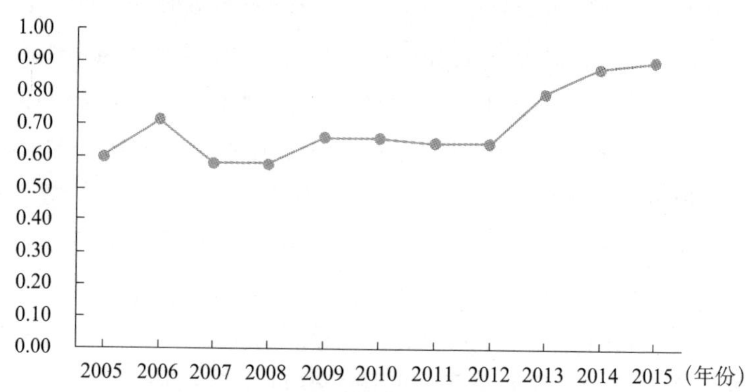


**图 5－1 中国农业环境规制投资效率的变异系数**

资料来源：根据《中国统计年鉴》（2006～2016 年）数据计算绘制。

图 5－1 显示，2005～2015 年，中国地区间农业环境规制投资效率的变异系数呈现一种上升趋势，可以认为，中国农业环境规制投资效率并不存在明显的 σ 收敛性。对 σ 收敛的进一步检验结果如表 5－1 所示。

表 5－1　2005～2015 年地区间农业环境规制投资效率 σ 收敛检验结果

| 系数 | Coefficient | t-statistic | $R^2$ |
|---|---|---|---|
| α | －87.274* | 2.01 | 0.2536 |
| σ | 0.0438* | －2.00 | — |

注：α 为式（5.3）的常数项；* 表示通过 10% 的显著性检验。
资料来源：根据《中国统计年鉴》（2006～2016 年）数据计算绘制。

表 5－1 回归模型结果显示，在样本期间内，σ 系数为 0.0438，且在 10% 标准下显著，证明中国各地区间的农业环境规制投资效率并不存在 σ 收敛性，说明各地区农业环境规制投资效率水平的差异并没有随着时间的推移而减小，相反，可能还存在扩大的趋势。

（2）绝对 β 收敛检验。萨拉-伊-马丁（Sala-I-Martin，1996）指出，绝对 β 收敛是 σ 收敛的必要非充分条件，因此，需要进一步做绝对 β 收敛检验。① 根据计算结果，如果系数 β 为负且统计上是显著的，则表示农业环境规制投资效率增长速度和初始农业环境规制投资效率值成反比，即农业环境规制投资效率较低的地区比农业环境规制投资效率水平高的地区拥有更快增长率，可以认为中国农业环境规制投资效率存在绝对 β 收敛。同时，考虑到我们的样本期间为 2005～2015 年，本书分两个时间段对中国农业环境规制的投资效率进行绝对 β 收敛检验：2005～2009 年（以 2005 年为基期）；2010～2015 年（以 2010 年为基期）。

表 5－2 是中国农业环境规制投资效率水平绝对 β 收敛的横截面数据估计结果。从回归结果来看，2005～2009 年和 2005～2015 年的样本区间，回归系数 β 在农业环境规制投资效率收敛方程中为正，分别通过显著性为 5% 和 10% 的显著检验，说明在这两个样

① Sala-I-Martin X. X. The Classical Approach to Convergence Analysis [J]. Economic Journal, 1996, 106 (437): 1019－1036.

本区间内，中国农业环境规制投资效率不存在绝对β收敛现象。而在2010～2015年的样本区间内，回归系数β同样为正，但是没有通过显著性检验。这些检验结果都证明，现阶段初始农业环境规制投资效率水平较高的地区，较之期初落后的地区反而保持更快的增长速度，地区间农业环境规制投资效率的差异性并没有消失的趋势。

**表5-2　农业环境规制投资效率水平绝对β收敛的横截面数据估计结果**

| 年份 | α | β | $R^2$ | Adjusted $R^2$ | F-statistic |
|---|---|---|---|---|---|
| 2005～2009 | 0.0747*** | 0.09857** | 0.052 | 0.0309 | 2.56 |
| 2010～2015 | -0.0668* | 0.0066 | 0.0882 | 0.0502 | 2.14 |
| 2005～2015 | -0.0599*** | 0.0317* | 0.1021 | 0.0556 | 2.71 |

注：α为式（5.4）中的常数项，β为式（5.4）中的回归系数；***、**、*分别表示通过显著性水平为1%、5%和10%的显著性检验。

通过上述σ收敛检验方法和绝对β收敛检验，可以发现，现阶段中国地区间农业环境规制投资效率既不存在σ收敛也不存在绝对β收敛，至此可以认为，中国地区间农业环境规制投资效率不存在绝对收敛，即在没有外部力量的干预下，不同地区间的农业环境规制投资效率差异性不会自动消失而最终达到同一个稳态水平。很明显，现阶段中国农业环境规制投资效率的发展特征不符合发展经济理论的经典论述，即初始发展落后的地区借助技术知识的扩散和溢出效应最终缩短与初始发达地区的差距，最终形成收敛。中国农业环境规制投资效率的地区间差距没有呈现出随时间推移而逐渐缩小的趋势，这很可能与当前农业领域资源环境治理技术相对匮乏以及农业环境友好生产技术推广缓慢有关，在这两个因素的影响下，势必导致区域间农业环境友好生产技术、治理技术更难彼此模仿和扩散，造成现阶段这种农业环境规制投资效率水平相对落后的地区反而难以追赶高效率地区的局面。因此，应提高涉农资源环境治理技术的开发与普及，加强农业环境友好生产技术的传播和推广。

(3) 条件收敛检验。尽管绝对收敛检验的结果表明，中国农业环境规制投资效率不存在绝对收敛现象，即各地区间的农业环境规制投资效率差异不会自动消失而最终达到同一个稳定水平，但仍需做进一步的条件收敛检验，以排除存在条件收敛的可能性，即进一步检验各省份农业环境规制投资效率是否会趋于自身的稳态水平。2005 ~ 2015 年，农业环境规制投资效率条件 β 收敛的 panel data 双向固定效应估计结果如表 5 - 3 所示。

**表 5 - 3　农业环境规制投资效率水平条件 β 收敛固定效应估计结果**

| 估计结果 | α | β | Adjusted $R^2$ | F-statistic |
| --- | --- | --- | --- | --- |
| 系数 | -0.1264** | -1.8452*** | 0.0011 | 2.142*** |
| T 值 | 2.236 | 12.59 | — | — |

注：α 为式（5.4）中的 panel data 固定效应的常数项，β 为式（5.5）中的 panel data 固定效应回归系数；***、**、* 分别表示通过显著性水平为 1%、5% 和 10% 的显著性检验。

表 5 - 3 的计算结果显示，在控制了截面固定效应和时间固定效应以后，2005 ~ 2015 年，中国农业环境规制投资效率估计系数 β 在 1% 以上的显著性水平上显著为负，说明中国农业环境规制投资效率存在着显著的条件收敛，即 30 个省份的农业环境规制投资效率一直在朝着它们各自的稳定均衡水平收敛，只是由于 30 个省份基期的稳态增长水平不相同，农业环境规制投资效率增长的差距才会一直存在。

中国地区间农业环境规制投资效率条件收敛的存在意味着，政府可以通过施加外部政策措施的干预，例如，可以通过加大环境规制投入、提高农业生产环保标准或推动农民环保意识的提高等举措来提高落后地区的农业环境规制投资效率，以缩小 30 个省份农业环境规制投资效率的差距，推动农业环境规制的平衡发展。

（4）俱乐部收敛检验。为了进一步探析中国农业环境规制投资效率内部层次的收敛特征，在绝对收敛和条件收敛检验的基础上，本书将进一步分析中国四大区域农业环境规制投资效率的俱乐部收敛情况。

首先是σ收敛的分析，具体计算结果如表5-4所示。

**表5-4　农业环境规制投资效率俱乐部σ收敛估计结果**

| 系数 | 东部 | 中部 | 西部 | 东北 |
| --- | --- | --- | --- | --- |
| σ | -0.0056<br>(0.006) | -0.0264<br>(0.053) | 0.0327<br>(0.017) | -0.0034<br>(0.003) |
| 调整 $R^2$ | 0.0080 | 0.1270 | 0.3990 | 0.0047 |

注：括号内数据为标准误。

估计结果表明，σ收敛模型的回归系数并不显著，说明东部、中部、西部和东北部四大区域内部农业环境规制投资效率没有表现出σ收敛的现象，四大地区内部的农业环境规制投资效率差异并没有随着时间的推移而缩小。

其次是绝对β收敛的分析，具体计算结果如表5-5所示。

**表5-5　农业环境规制投资效率俱乐部绝对β收敛估计结果**

| 系数 | 全国 | 东部 | 中部 | 西部 | 东北 |
| --- | --- | --- | --- | --- | --- |
| β | -0.0515<br>(0.038) | -0.05989<br>(0.037) | -0.0559<br>(0.155) | -0.049<br>(0.057) | 0.0427<br>(0.081) |
| $D_1$ | -0.0043<br>(0.003) | —<br>— | —<br>— | —<br>— | —<br>— |
| $D_2$ | -0.0012<br>(0.001) | —<br>— | —<br>— | —<br>— | —<br>— |
| $D_3$ | 0.1477<br>(0.050) | —<br>— | —<br>— | —<br>— | —<br>— |
| 调整 $R^2$ | 0.3044 | 0.3063 | 0.2107 | 0.1774 | 0.2078 |

注：括号内数据为标准误；虚拟变量的定义方式为：$D_1$为东部省份，$D_2$为中部省份，$D_3$为西部省份，参照组为东北部省份。

估计结果表明，绝对 β 收敛的回归系数均不显著，这说明东部、中部、西部和东北部地区四大区域内部农业环境规制投资效率不存在俱乐部绝对 β 收敛现象。同时，考虑到对东部、中部、西部和东北部地区四大区域子样本单独进行回归分析，可能会由于样本的自由度偏小而造成检验结果不显著，本书将除了西藏、香港、澳门和台湾以外的 30 个省份作为研究样本，在 β 绝对收敛方程中加入地区虚拟变量。从检验结果来看，加入地区虚拟变量后的结果仍不能通过显著性检验，再一次说明我国四大区域内部的农业环境规制投资效率水平并不存在绝对 β 收敛。

进一步条件 β 收敛的回归结果如表 5 -6 所示。

**表 5 -6　农业环境规制投资效率俱乐部条件 β 收敛估计结果**

| 系数 | 全国 | 东部 | 中部 | 西部 | 东北 |
|---|---|---|---|---|---|
| β | -0.4690 ***<br>(0.093) | -0.4316 ***<br>(0.085) | -0.2880 ***<br>(0.083) | -0.4170 ***<br>(0.083) | -0.5706 ***<br>(0.279) |
| $D_1$ | 0.05786<br>(0.439) | —<br>— | —<br>— | —<br>— | —<br>— |
| $D_2$ | 0.02726<br>(0.045) | —<br>— | —<br>— | —<br>— | —<br>— |
| $D_3$ | 0.1243<br>(0.152) | —<br>— | —<br>— | —<br>— | —<br>— |
| 收敛速度 | 6.33% | 5.65% | 3.40% | 5.40% | 8.45% |
| 调整 $R^2$ | 0.0978 | 0.065 | 0.2408 | 0.0665 | 0.0577 |

注：括号内数据为标准误；*** 表示通过显著性水平为 1% 的显著性检验。虚拟变量的定义方式为：$D_1$ 为东部省份，$D_2$ 为中部省份，$D_3$ 为西部省份，参照组为东北部省份。

估计结果表明，2005 ~ 2015 年，四大区域内部的农业环境规制投资效率的估计系数 β 均为负，且都达到了 5% 以上的显著性水平，这说明东部、中部、西部和东北地区四大区域内部的农业环境规制投资效率存在条件 β 收敛。东部、中部、西部和东北地区农业环境规制投资效率的收敛速度分别为5.65%、3.40%、5.40%和8.45%。

综上可以得出如下结论：2005～2015年，全国范围内和四大区域内部的农业环境规制投资效率并不存在绝对收敛，30个省份农业环境规制投资效率的差距将会一直客观存在。然而，全国范围内和四大区域内部的农业环境规制投资效率表现出了条件收敛的趋势，30个省份农业环境规制投资效率一直朝着自身的稳态水平增长。

## 5.2 空间分异的ESDA分析

经济地理理论为解释影响农业环境规制投资效率的因素提供了新的视角。可以说，处于相邻区域的经济数据之间具有一定的空间依赖或空间自相关特征，即一个区域单元上发生某种经济现象与其相邻区域发生同一经济现象是相关的。特别是在经济全球化和市场一体化的大背景下，地区之间并不是独立存在的，生产要素在不同地区间流动，提高了生产效率。改革开放以来，生产要素地区间的流动性明显增强。随着农业市场体系的完善，农业生产也呈现出一定的地区相关性。农业环境规制可以视为农业生产的制度要素之一，是影响农业生产的重要外部因素。而且，农业环境规制本身也具有很强的经济外部性，一个地区实施一项农业环境规制，很容易对周边相邻地区产生影响。因此，有必要对农业环境规制投资效率进行空间分布分析。

### 5.2.1 空间数据分析的ESDA-GIS模型

（1）ESDA概述。空间数据分析（spatial data analysis，SDA）

是地理学和地理信息科学领域的重要内容。关于空间分析的研究可以追溯到20世纪60年代的地理与区域科学的计量革命。到了70年代，空间统计学得到快速发展，探索性空间数据分析等研究也引起了学者们的重视。空间数据分析主要包括基于地区分布图形的分析、空间数据统计分析和空间模型与建模这三大类。空间数据分析也被应用到社会经济领域的研究中，一些具有空间属性的社会经济变量都可通过空间数据分析揭示其空间分布特征，并可进行各种更深层次的分析。从90年代开始，探索性数据分析技术逐渐被引入空间数据分析中，用以完善和发展空间分析技术的理论和方法，形成了新的研究领域——探索性空间数据分析（exploratory spatial data analysis，ESDA）。ESDA研究的核心内容是空间关联性的测度，通过描述和显示变量的空间分布，从而分析变量的空间分布格局。

ESDA的核心就是分析与地理位置相关的数据间的空间自相关①，可以通过两类指标衡量空间自相关特征：一类是全局空间自相关指标，主要包括Moran's I、Geary'C统计量；另一类是局部空间自相关指标，主要包括G统计量、Moran散点图和LISA集聚图。根据研究需要，本书将选取反映空间邻接或空间邻近区域单元属性值相似程度的Moran's I统计量对中国农业环境规制投资效率的空间相关性进行研究。

（2）ESDA-GIS技术。与空间数据分析研究相近的是地理信息系统（geographic information system，GIS）。GIS技术是在计算机技术得到广泛应用的背景下产生的，是对相关地理信息进行获取、存储、显示、分析、输出等处理的技术，其研究的主要对象是具

① 空间自相关是指地理事物分布空间位置的某一属性值之间的统计相关性，是检验某一现象是否显著地与其相邻空间单元的现象相关联的重要指标。

有空间特性的地理信息及其属性，研究方式主要是图形图像的处理和空间模型的建立。ESDA-GIS 分析模型就是指基于地理信息系统的探索性空间数据分析技术，实现了 ESDA 的属性数据关联性测度功能与 GIS 图形数据空间分析功能的结合，解决了两者各自在分析功能上的一些弱点。地理空间属性数据的非线性、空间依赖等特性，通常不符合经典统计模型的数据要求，ESDA-GIS 分析模型首先解决了地理空间数据难以采用统计模型进行建模分析的问题。同时，GIS 与 ESDA 的结合使 GIS 的空间数据分析功能得到加强，也大大增强了 ESDA 数据分析结果的可视化表达，为探索空间属性数据的格局、模式和过程提供了有力支撑。

### 5.2.2 空间权重矩阵的选择

应用 ESDA 模型的前提和基础，是设定适当的空间权重矩阵。空间权重矩阵表示空间单元之间的相互依赖性与关联程度，不同的空间权重矩阵对空间计量模型的估计结果有较大的影响。因此，空间权重矩阵设定是空间计量经济学最为核心的问题，是空间计量分析的关键步骤。实证研究中，通常根据邻接标准或距离标准来度量空间权重矩阵。

（1）基于相邻性指标的空间权重矩阵。相邻性指标认为，如果两个空间单元之间相邻，则两者之间存在空间相关，反之，则不相关。基于相邻性指标的空间权重矩阵中对角线上元素为 0，其他元素满足：

$$W_{ij} = \begin{cases} 1 & \text{若区域 i 和区域 j 相邻} \\ 0 & \text{若区域 i 和区域 j 不相邻} \end{cases}$$

进一步采用标准化处理，使得矩阵每行元素之和为 1，以更合理地反映地区间的空间影响方式，如图 5－2 所示。

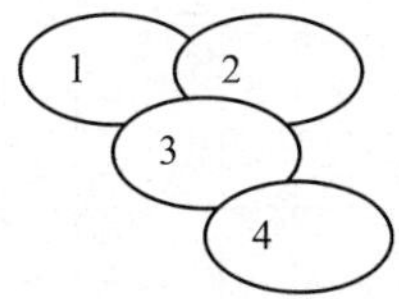


$$\begin{bmatrix} 0 & 1 & 1 & 0 \\ 1 & 0 & 1 & 0 \\ 1 & 1 & 0 & 1 \\ 0 & 0 & 1 & 0 \end{bmatrix} \qquad \begin{bmatrix} 0 & 0.5 & 0.5 & 0 \\ 0.5 & 0 & 0.5 & 0 \\ 0.33 & 0.33 & 0 & 0.33 \\ 0 & 0 & 1 & 0 \end{bmatrix}$$

（a）地域空间区位　　（b）原始权重矩阵　　（c）标准化后的权重矩阵

**图 5－2　基于相邻性指标的空间权重矩阵**

相邻性指标有两种标准：Rook 标准和 Queen 标准。Rook 相邻是区域 i 和区域 j 有共同的边，Queen 相邻是区域 i 和区域 j 有共同的边或共同的顶点。

（2）基于距离指标的空间权重矩阵。空间距离权重矩阵利用两个空间单元之间的距离反映两者的空间相关程度。常见的空间距离权重矩阵为：

$$W_{ij} = \begin{cases} 1/d_{ij} & 若\ i \neq j \\ 0 & 若\ i = j \end{cases} \tag{5.7}$$

这里的 $d_{ij}$ 表示 i 地区和 j 地区中心位置之间的距离，所谓中心位置在实证研究中一般选择该地域政治或经济中心的地理坐标来代替。

根据研究的需要，本书采用 Rook 标准的中国省份相邻权重矩阵。同时，在构建中国省份邻接权重矩阵时，考虑海南特殊的地理位置，采取了国内学者的通常处理方法，将广东、广西视为海南的相邻省份。具体的中国地理相邻空间权重矩阵统计如表 5－7 所示。

### 5.2.3　空间自相关性的检验方法

（1）全局空间相关性分析。全局空间自相关分析可以从空间上描述农业环境规制投资效率空间集群分布特征。一般可采用全局 Moran's I 指数进行衡量，计算公式如下：

表 5-7　　中国 30 个省份空间权重矩阵统计

| 地区 | 北京 | 天津 | 河北 | 山西 | 内蒙古 | 辽宁 | 吉林 | 黑龙江 | 上海 | 江苏 | 浙江 | 安徽 | 福建 | 江西 | 山东 | 河南 | 湖北 | 湖南 | 广东 | 广西 | 海南 | 重庆 | 四川 | 贵州 | 云南 | 陕西 | 甘肃 | 青海 | 宁夏 | 新疆 |
|---|---|---|---|---|---|---|---|---|---|---|---|---|---|---|---|---|---|---|---|---|---|---|---|---|---|---|---|---|---|---|
| 北京 | 0 | 1 | 1 | 0 | 0 | 0 | 0 | 0 | 0 | 0 | 0 | 0 | 0 | 0 | 0 | 0 | 0 | 0 | 0 | 0 | 0 | 0 | 0 | 0 | 0 | 0 | 0 | 0 | 0 | 0 |
| 天津 | 1 | 0 | 1 | 0 | 0 | 0 | 0 | 0 | 0 | 0 | 0 | 0 | 0 | 0 | 0 | 0 | 0 | 0 | 0 | 0 | 0 | 0 | 0 | 0 | 0 | 0 | 0 | 0 | 0 | 0 |
| 河北 | 1 | 1 | 0 | 1 | 1 | 1 | 0 | 0 | 0 | 0 | 0 | 0 | 0 | 0 | 1 | 1 | 0 | 0 | 0 | 0 | 0 | 0 | 0 | 0 | 0 | 0 | 0 | 0 | 0 | 0 |
| 山西 | 0 | 0 | 1 | 0 | 1 | 0 | 0 | 0 | 0 | 0 | 0 | 0 | 0 | 0 | 0 | 0 | 0 | 0 | 0 | 0 | 0 | 0 | 0 | 0 | 0 | 1 | 0 | 0 | 0 | 0 |
| 内蒙古 | 0 | 0 | 1 | 1 | 0 | 1 | 1 | 1 | 0 | 0 | 0 | 0 | 0 | 0 | 0 | 0 | 0 | 0 | 0 | 0 | 0 | 0 | 0 | 0 | 0 | 1 | 1 | 0 | 1 | 0 |
| 辽宁 | 0 | 0 | 1 | 0 | 1 | 0 | 1 | 0 | 0 | 0 | 0 | 0 | 0 | 0 | 0 | 0 | 0 | 0 | 0 | 0 | 0 | 0 | 0 | 0 | 0 | 0 | 0 | 0 | 0 | 0 |
| 吉林 | 0 | 0 | 0 | 0 | 1 | 1 | 0 | 1 | 0 | 0 | 0 | 0 | 0 | 0 | 0 | 0 | 0 | 0 | 0 | 0 | 0 | 0 | 0 | 0 | 0 | 0 | 0 | 0 | 0 | 0 |
| 黑龙江 | 0 | 0 | 0 | 0 | 1 | 0 | 1 | 0 | 0 | 0 | 0 | 0 | 0 | 0 | 0 | 0 | 0 | 0 | 0 | 0 | 0 | 0 | 0 | 0 | 0 | 0 | 0 | 0 | 0 | 0 |
| 上海 | 0 | 0 | 0 | 0 | 0 | 0 | 0 | 0 | 0 | 1 | 1 | 0 | 0 | 0 | 0 | 0 | 0 | 0 | 0 | 0 | 0 | 0 | 0 | 0 | 0 | 0 | 0 | 0 | 0 | 0 |
| 江苏 | 0 | 0 | 0 | 0 | 0 | 0 | 0 | 0 | 1 | 0 | 1 | 1 | 0 | 0 | 1 | 0 | 0 | 0 | 0 | 0 | 0 | 0 | 0 | 0 | 0 | 0 | 0 | 0 | 0 | 0 |
| 浙江 | 0 | 0 | 0 | 0 | 0 | 0 | 0 | 0 | 1 | 1 | 0 | 1 | 1 | 1 | 0 | 0 | 0 | 0 | 0 | 0 | 0 | 0 | 0 | 0 | 0 | 0 | 0 | 0 | 0 | 0 |
| 安徽 | 0 | 0 | 0 | 0 | 0 | 0 | 0 | 0 | 0 | 1 | 1 | 0 | 0 | 1 | 1 | 1 | 1 | 0 | 0 | 0 | 0 | 0 | 0 | 0 | 0 | 0 | 0 | 0 | 0 | 0 |
| 福建 | 0 | 0 | 0 | 0 | 0 | 0 | 0 | 0 | 0 | 0 | 1 | 0 | 0 | 1 | 0 | 0 | 0 | 0 | 1 | 0 | 0 | 0 | 0 | 0 | 0 | 0 | 0 | 0 | 0 | 0 |
| 江西 | 0 | 0 | 0 | 0 | 0 | 0 | 0 | 0 | 0 | 0 | 1 | 1 | 1 | 0 | 0 | 0 | 1 | 1 | 1 | 0 | 0 | 0 | 0 | 0 | 0 | 0 | 0 | 0 | 0 | 0 |
| 山东 | 0 | 0 | 1 | 0 | 0 | 0 | 0 | 0 | 0 | 1 | 0 | 1 | 0 | 0 | 0 | 1 | 0 | 0 | 0 | 0 | 0 | 0 | 0 | 0 | 0 | 0 | 0 | 0 | 0 | 0 |
| 河南 | 0 | 0 | 1 | 1 | 0 | 0 | 0 | 0 | 0 | 0 | 0 | 1 | 0 | 0 | 1 | 0 | 1 | 0 | 0 | 0 | 0 | 0 | 0 | 0 | 0 | 1 | 0 | 0 | 0 | 0 |
| 湖北 | 0 | 0 | 0 | 0 | 0 | 0 | 0 | 0 | 0 | 0 | 0 | 1 | 0 | 1 | 0 | 1 | 0 | 1 | 0 | 0 | 0 | 0 | 1 | 0 | 0 | 1 | 0 | 0 | 0 | 0 |
| 湖南 | 0 | 0 | 0 | 0 | 0 | 0 | 0 | 0 | 0 | 0 | 0 | 0 | 0 | 1 | 0 | 0 | 1 | 0 | 1 | 1 | 0 | 0 | 1 | 1 | 0 | 0 | 0 | 0 | 0 | 0 |

续表

| 地区 | 北京 | 天津 | 河北 | 山西 | 内蒙古 | 辽宁 | 吉林 | 黑龙江 | 上海 | 江苏 | 浙江 | 安徽 | 福建 | 江西 | 山东 | 河南 | 湖北 | 湖南 | 广东 | 广西 | 海南 | 重庆 | 四川 | 贵州 | 云南 | 陕西 | 甘肃 | 青海 | 宁夏 | 新疆 |
|---|---|---|---|---|---|---|---|---|---|---|---|---|---|---|---|---|---|---|---|---|---|---|---|---|---|---|---|---|---|---|
| 广东 | 0 | 0 | 0 | 0 | 0 | 0 | 0 | 0 | 0 | 0 | 0 | 0 | 1 | 1 | 0 | 0 | 0 | 1 | 0 | 1 | 1 | 0 | 0 | 0 | 0 | 0 | 0 | 0 | 0 | 0 |
| 广西 | 0 | 0 | 0 | 0 | 0 | 0 | 0 | 0 | 0 | 0 | 0 | 0 | 0 | 0 | 0 | 0 | 0 | 1 | 1 | 0 | 1 | 0 | 0 | 1 | 1 | 0 | 0 | 0 | 0 | 0 |
| 海南 | 0 | 0 | 0 | 0 | 0 | 0 | 0 | 0 | 0 | 0 | 0 | 0 | 0 | 0 | 0 | 0 | 0 | 0 | 1 | 1 | 0 | 0 | 0 | 0 | 0 | 0 | 0 | 0 | 0 | 0 |
| 重庆 | 0 | 0 | 0 | 0 | 0 | 0 | 0 | 0 | 0 | 0 | 0 | 0 | 0 | 0 | 0 | 0 | 1 | 1 | 0 | 0 | 0 | 0 | 1 | 1 | 0 | 1 | 0 | 0 | 0 | 0 |
| 四川 | 0 | 0 | 0 | 0 | 0 | 0 | 0 | 0 | 0 | 0 | 0 | 0 | 0 | 0 | 0 | 0 | 1 | 1 | 0 | 0 | 0 | 0 | 0 | 1 | 1 | 1 | 1 | 1 | 0 | 0 |
| 贵州 | 0 | 0 | 0 | 0 | 0 | 0 | 0 | 0 | 0 | 0 | 0 | 0 | 0 | 0 | 0 | 0 | 0 | 1 | 0 | 1 | 0 | 0 | 1 | 0 | 1 | 0 | 0 | 0 | 0 | 0 |
| 云南 | 0 | 0 | 0 | 0 | 0 | 0 | 0 | 0 | 0 | 0 | 0 | 0 | 0 | 0 | 0 | 0 | 0 | 0 | 0 | 1 | 0 | 0 | 1 | 1 | 0 | 0 | 0 | 0 | 0 | 0 |
| 陕西 | 0 | 0 | 0 | 1 | 1 | 0 | 0 | 0 | 0 | 0 | 0 | 0 | 0 | 0 | 0 | 1 | 1 | 0 | 0 | 0 | 0 | 0 | 1 | 0 | 0 | 0 | 1 | 0 | 1 | 0 |
| 甘肃 | 0 | 0 | 0 | 0 | 1 | 0 | 0 | 0 | 0 | 0 | 0 | 0 | 0 | 0 | 0 | 0 | 0 | 0 | 0 | 0 | 0 | 0 | 1 | 0 | 0 | 1 | 0 | 1 | 1 | 1 |
| 青海 | 0 | 0 | 0 | 0 | 0 | 0 | 0 | 0 | 0 | 0 | 0 | 0 | 0 | 0 | 0 | 0 | 0 | 0 | 0 | 0 | 0 | 0 | 1 | 0 | 0 | 0 | 1 | 0 | 0 | 1 |
| 宁夏 | 0 | 0 | 0 | 0 | 1 | 0 | 0 | 0 | 0 | 0 | 0 | 0 | 0 | 0 | 0 | 0 | 0 | 0 | 0 | 0 | 0 | 0 | 0 | 0 | 0 | 1 | 1 | 0 | 0 | 0 |
| 新疆 | 0 | 0 | 0 | 0 | 0 | 0 | 0 | 0 | 0 | 0 | 0 | 0 | 0 | 0 | 0 | 0 | 0 | 0 | 0 | 0 | 0 | 0 | 0 | 0 | 0 | 0 | 1 | 1 | 0 | 0 |

资料来源：根据中国地图整理绘制。

$$\text{Moran'I} = \frac{1}{\sum_{i=1}^{n}\sum_{j=1}^{n}W_{ij}} \cdot \frac{\sum_{i=1}^{n}\sum_{j=1}^{n}W_{ij}(Y_i - \bar{Y})(Y_j - \bar{Y})}{\sum_{i=1}^{n}\sum_{j=1}^{n}(Y_i - \bar{Y})^2/n} \tag{5.8}$$

其中，$Y_i$、$Y_j$ 分别表示空间单元的观测数值，即为 i 省份和 j 省份的农业环境规制投资效率值；$\bar{Y}$ 是观测变量在 n 个单位中的均值，即农业环境规制投资效率的平均值（$\bar{Y} = \frac{1}{n}\sum_{i=1}^{n}Y_i$）；n 代表的是样本的数目，即地区数量；$W_{ij}$ 为空间权重矩阵（见表 5－7）。Moran's I 指数的取值范围介于［－1，1］，Moran's I 指数为正，表明存在空间正相关关系，意味着相似属性的观测值（高值或低值）趋于空间集聚；Moran's I 指数为负，代表存在负的空间自相关，表明不同属性的观测值集聚在一起，表现为低—高值集聚或者高—低值集聚；Moran's I 指数为零，则代表观测值呈空间随机分布。Moran's I 指数绝对值越大，空间相关程度越强，反之则越弱。

在此基础上，通过 Z 检验，计算农业环境规制投资效率 Moran's I 指数的显著性，其计算公式为：

$$Z = \frac{\text{Moran'I} - E(I)}{\sqrt{VAR(I)}} \tag{5.9}$$

当 Z 值为正且显著时，表明存在正的空间自相关，即相似的观测值趋于空间集聚；当 Z 值为负且显著时，表明存在负的空间自相关，相似的观测值趋于分散分布；当 Z 值为零时，表示观测值呈独立随机分布。

（2）局域空间相关性分析。全局 Moran's I 指数是一种总体统计指标，用来反映具有观测值的地区是否在总体上呈现空间自相关，仅能说明所有区域与周边地区之间空间差异的平均程度，但不能反映各地区具体的空间自相关情况，或者说不能反映与总体模式不相同的那些地区的空间依赖情况，很难发现存在于不同位置区域的空间关联模式，还需要进行局部空间相关性分析。局部空间自相关指标主要包括 Moran 散点图（moran scatter plot，MSP）和局部空间联系指标（local indicators of spatial association，LISA）。

LISA 是指满足下列两个条件的任何统计量：一是每个区域单元的 LISA 给出了围绕该区域单元相似值的显著性空间集聚程度的一个表示；二是所有区域单元的 LISA 之和与对应的全局空间相关指标成比例。LISA 不仅可以评估每个空间单位周围的局部空间聚集显著性，而且可以反映出对全局空间联系造成显著影响的空间单位及其空间联系形式。LISA 包括局部 Moran 指数和局部 Geary 指数。其中，局部 Moran's I 指数是被普遍采用的局部空间联系指标之一，其计算公式如下：

$$\text{Moran'}I_{it} = \frac{(Y_i - \bar{Y})\sum_{j=1}^{n} W_{ij}(Y_j - \bar{Y})}{\sum_{i=1}^{n}(Y_{it} - \bar{Y})^2/n} \tag{5.10}$$

局部 Moran's I 指数为正，表明该空间单元邻近相似值（高值或低值）的空间集聚，为负则说明非相似值的空间集聚。基于随机分布假设，局部 Moran's I 指数可利用式（5.11）进行显著性检验。

$$Z(I_i) = \frac{\text{Moran'}I_i - E(I_i)}{\sqrt{VAR(I_i)}} \tag{5.11}$$

当总的显著性水平设定为 $\alpha$ 时，每一个区域的显著性根据 $\alpha/n$ 的原则进行判断。如果 $I_i$ 显著且为正，则表明与观测单元 i 相关的周围观测单元具有相对较高的观测值，区域 i 与周边地区之间的空间差异较小；而当 $I_i$ 显著且为负时，则表明与观测单元 i 相关的周围观测单元具有相对较低的观测值，区域 i 与周边地区之间的空间差异较大。

将变量 z 与其空间滞后向量（Wz）之间的相关关系，以散点图的形式加以描述，则构成 Moran 散点图。根据其在散点图中象限的位置，进一步判断空间分布中存在着哪几种不同的聚集群体。判断方法如表 5 – 8 所示。

**表 5 – 8　　Moran 散点图的四种局部空间关联模式**

| 象限 | 局部空间联系模式 | 意义 |
| --- | --- | --- |
| Ⅰ | HH：高—高聚集类型 | 高观测值的省份被同是高观测值的省份所包围 |
| Ⅱ | LH：低—高聚集类型 | 低观测值的省份被高观测值的省份所包围 |
| Ⅲ | LL：低—低聚集类型 | 低观测值的省份被同是低观测值的省份所包围 |
| Ⅳ | HL：高—低聚集类型 | 高观测值的省份被低观测值的省份所包围 |

为有效阐述中国农业环境规制投资效率的空间布局，全面反映区域农业环境规制投资效率特点，本节在前面时间序列和收敛分析的基础上，对中国农业环境规制投资效率空间分异特征进行探究。按照 ArcGIS 中的标准分类方法，本书根据自然间断点分级法（natural breaks classification），将 2005 ~ 2015 年主要年份的中国各地区农业环境规制投资效率值按大小进行排序，按等级分为四级，分别为投资效率低（0 ~ 0.5）；投资效率较低（0.5 ~ 1.0）；投资效率较高（1.0 ~ 1.5）；投资效率高（ > 1.5）。本书运用 ArcGIS 软件，对中国各区域的农业环境规制投资效率空间格局分布进行了探究。从中可以看出 2005 ~ 2015 年中国农业环境规制投资效率明显的空间分布特征。总体来看，2005 ~ 2015 年，农业环境规制投资效率水平较高的省份在逐渐减少，在样本初期，环境规制效率水平较高的省份分布较为分散，随着时间的推移，到了样本末期，效率水平较高的省份个数在减少，并且分布相对集中。进一步从区域来看，2005 ~ 2015 年，环境规制效率呈现东北地区 > 东部地区 > 中部地区 > 西部地区的空间分异特征，样本期间，整个东北部和东部地区一直保持着较高的农业环境规制投资效率水

平。2005年，农业环境规制投资效率较高的省份共有9个，分别是上海、福建、海南、广西、陕西、宁夏、新疆、吉林和黑龙江，到2014年和2015年，农业环境规制投资效率大于1的省份仅为5个，分别是海南、广西、云南、吉林和黑龙江，分布特征带有明显的集聚态势。东北地区的吉林和黑龙江两省在样本期间农业环境规制投资效率水平相对较高，同在东北地区的辽宁在样本期间农业环境规制投资效率水平也呈现一种上升趋势，所以东北地区农业环境规制投资效率水平整体较好。其他地区，样本初期也存在个别农业环境规制投资效率水平较高的省份，但是，由于周边省份效率水平相对较低，导致农业环境规制投资效率水平较高的省份并没有表现出辐射作用，拉动周边省份效率水平上升，反而被周边省份拉低了自身的效率水平。

## 5.3　空间关联模式分析

对于中国农业环境规制投资效率空间关联模式的探析，需要在对全局空间相关系数的动态波动研究分析的基础上，对各地区农业环境规制投资效率的局部空间关联性进一步分析，并对30个省份农业环境规制投资效率的空间LISA集聚水平进行研究，从全国和省域，多层面、系统地研究农业环境规制投资效率水平区域差异和集聚水平动态变动趋势。

### 5.3.1　全局空间自相关分析

通过全局空间自相关分析，可以探究我国农业环境规制投资效率水平的空间关联程度、集聚模式及其显著性等。根据中国30

个省份2005～2015年农业环境规制投资效率水平数据，本书运用Stata12.0软件，采用Rook相邻空间权重矩阵计算全局空间自相关系数。表5－9显示了2005～2015年我国30个省份农业环境规制投资效率水平全局Moran指数的演变过程。

**表5－9　2005～2015年农业环境规制投资效率全局Moran指数结果**

| 年份 | Moran 指数 | 标准差 | P值 |
|---|---|---|---|
| 2005 | 0.038 | 0.001 | 0.069 |
| 2006 | 0.049 | 0.002 | 0.060 |
| 2007 | 0.102 | 0.003 | 0.024 |
| 2008 | 0.094 | 0.125 | 0.153 |
| 2009 | －0.122 | 0.001 | 0.010 |
| 2010 | 0.030 | 0.001 | 0.070 |
| 2011 | 0.249 | 0.007 | 0.001 |
| 2012 | 0.239 | 0.008 | 0.003 |
| 2013 | 0.197 | 0.010 | 0.025 |
| 2014 | 0.354 | 0.098 | 0.000 |
| 2015 | 0.205 | 0.099 | 0.008 |

资料来源：根据《中国统计年鉴》（2006～2016年）数据计算。

根据表5－10的结果，2005～2015年，除个别年份（2009年）外，我国30个省份各年度农业环境规制投资效率的Moran指数均为正值且通过了5%水平的显著性检验，显著拒绝了我国30个省份之间农业环境规制投资效率不存在空间自相关性的原假设。这表明2005～2015年（除2008年、2009年外），中国30个省份的农业环境规制投资效率的总体水平存在显著的、正的空间自相关，其空间分布均呈现相似值（高—高或低—低）之间的空间集聚态势，30个省份的农业环境规制投资效率具有区域上的空间关联性，农业环境规制投资效率水平相近的地区相邻。而且，2010

年以来，总体水平的全局 Moran 指数上升趋势明显，其显著性也逐渐增强，这表明近几年这种空间集聚效应表现得越来越突出，农业环境规制投资效率在 30 个省份间存在较为显著的空间溢出效应和空间模仿效应。实际上，由于农业生产对自然条件（如土地、气温、降水、日照等）的依赖性较强，相邻地区之间在作物种植品种以及农业生产技术等方面具有更高的相似性，农业技术扩散和技术溢出会相对较为容易，相邻地区之间的技术溢出更为明显，相邻地区之间的农业环境规制投资效率具有空间相关性符合逻辑推理。

### 5.3.2　局域空间自相关分析

以上分析说明，全国区域间农业环境规制投资效率并未呈均衡态势，区域间农业环境规制投资效率水平差异没有明显缩小。随着全局 Moran 指数的波动变化，特别是近年来的逐渐上升，高集聚区和低集聚区之间的差异将趋于如何发展变化，哪些省份出现农业环境规制投资效率高观测值（或低观测值）的空间聚集？这种变化特征可以进一步通过局部空间自相关进行分析。因此，本书继续通过对 30 个省份的局域空间自相关检验，来深入分析局部空间关联模式，揭示省际农业环境规制投资效率的空间集聚特征。

（1）局域 Moran 检验结果。中国省际农业环境规制投资效率的局域 Moran 指数结果如表 5 - 10 所示。

**表 5 - 10　2005 ~ 2015 年个别年份农业环境规制投资效率局域 Moran 指数结果**

| 地区 | 2005 年 | | 2008 年 | | 2011 年 | | 2014 年 | |
|---|---|---|---|---|---|---|---|---|
| | 局部 Moran | P | 局部 Moran | P | 局部 Moran | P | 局部 Moran | P |
| 北京 | 0. 88 | 0. 089 | 0. 723 | 0. 118 | 0. 979 | 0. 216 | 0. 212 | 0. 327 |

续表

| 地区 | 2005 年 | | 2008 年 | | 2011 年 | | 2014 年 | |
|---|---|---|---|---|---|---|---|---|
| | 局部 Moran | P | 局部 Moran | P | 局部 Moran | P | 局部 Moran | P |
| 天津 | 0. 981 | 0. 068 | 0. 743 | 0. 112 | 1. 067 | 0. 197 | 0. 248 | 0. 304 |
| 河北 | 0. 359 | 0. 117 | 0. 288 | 0. 153 | 0. 824 | 0. 32 | 0. 136 | 0. 274 |
| 山西 | -0. 765 | 0. 057 | -0. 49 | 0. 15 | 1. 257 | 0. 222 | 0. 171 | 0. 296 |
| 内蒙古 | -0. 53 | 0. 05 | -0. 486 | 0. 06 | 0. 373 | 0. 393 | -0. 085 | 0. 424 |
| 辽宁 | 0. 188 | 0. 341 | 0. 081 | 0. 411 | 2. 089 | 0. 086 | 0. 229 | 0. 278 |
| 吉林 | -0. 907 | 0. 055 | -0. 285 | 0. 313 | 8. 987 | 0 | 3. 266 | 0 |
| 黑龙江 | -0. 041 | 0. 496 | 0. 078 | 0. 43 | 6. 689 | 0 | 4. 649 | 0 |
| 上海 | -0. 369 | 0. 311 | -0. 1 | 0. 459 | 1. 183 | 0. 174 | 0. 263 | 0. 294 |
| 江苏 | -1. 18 | 0. 007 | -0. 225 | 0. 332 | 1. 373 | 0. 203 | 0. 166 | 0. 301 |
| 浙江 | -0. 013 | 0. 479 | -0. 035 | 0. 499 | 0. 853 | 0. 304 | 0. 132 | 0. 313 |
| 安徽 | 0. 043 | 0. 416 | 0. 106 | 0. 343 | 0. 478 | 0. 375 | 0. 091 | 0. 342 |
| 福建 | 0. 329 | 0. 253 | 0. 303 | 0. 256 | -1. 467 | 0. 198 | -0. 086 | 0. 454 |
| 江西 | 0. 074 | 0. 383 | 0. 269 | 0. 191 | 0. 561 | 0. 36 | 0. 11 | 0. 32 |
| 山东 | -0. 018 | 0. 486 | 0. 044 | 0. 429 | 0. 689 | 0. 325 | 0. 136 | 0. 328 |
| 河南 | -0. 165 | 0. 36 | 0. 117 | 0. 331 | 1. 966 | 0. 156 | 0. 185 | 0. 238 |
| 湖北 | -0. 025 | 0. 489 | 0. 046 | 0. 409 | 1. 175 | 0. 26 | 0. 139 | 0. 287 |
| 湖南 | -0. 454 | 0. 124 | -0. 356 | 0. 177 | 0. 93 | 0. 298 | 0. 081 | 0. 354 |
| 广东 | 0. 153 | 0. 323 | 0. 207 | 0. 266 | -0. 546 | 0. 426 | -0. 087 | 0. 439 |
| 广西 | -0. 01 | 0. 479 | 0. 006 | 0. 463 | -0. 787 | 0. 361 | -0. 141 | 0. 391 |
| 海南 | 0. 715 | 0. 222 | 0. 599 | 0. 246 | -0. 305 | 0. 389 | -0. 336 | 0. 35 |
| 重庆 | -0. 146 | 0. 392 | -0. 352 | 0. 206 | 2. 17 | 0. 121 | 0. 192 | 0. 253 |
| 四川 | 0. 186 | 0. 272 | -0. 059 | 0. 472 | 1. 205 | 0. 255 | 0. 101 | 0. 331 |
| 贵州 | 0. 037 | 0. 43 | -0. 251 | 0. 287 | -0. 425 | 0. 45 | -0. 031 | 0. 496 |
| 云南 | -0. 178 | 0. 396 | -0. 473 | 0. 197 | -0. 077 | 0. 494 | 0. 033 | 0. 44 |
| 陕西 | 0. 443 | 0. 057 | -0. 431 | 0. 086 | 1. 863 | 0. 185 | 0. 169 | 0. 221 |
| 甘肃 | 0. 679 | 0. 025 | 0. 336 | 0. 143 | 0. 061 | 0. 45 | 0. 149 | 0. 276 |
| 青海 | -0. 32 | 0. 3 | -0. 031 | 0. 497 | 0. 073 | 0. 456 | 0. 239 | 0. 27 |
| 宁夏 | 0. 437 | 0. 194 | -1. 09 | 0. 02 | -1. 292 | 0. 229 | 0. 078 | 0. 4 |
| 新疆 | 0. 75 | 0. 124 | 0. 592 | 0. 164 | -1. 868 | 0. 089 | 0. 221 | 0. 321 |

资料来源：根据《中国统计年鉴》（2006 年、2009 年、2012 年、2015 年）数据计算。

（2）Moran 散点图。农业环境规制投资效率的 Moran 散点图如图 5－3 所示。

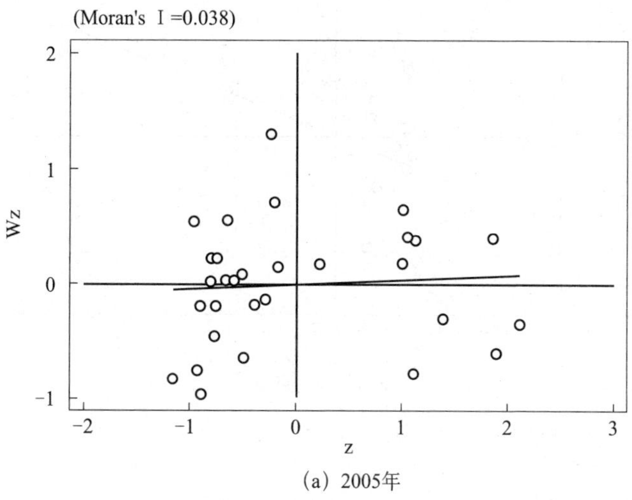


（a）2005年

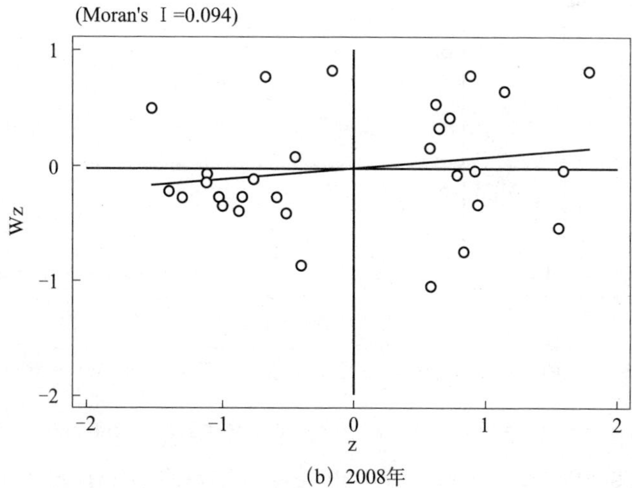


（b）2008年

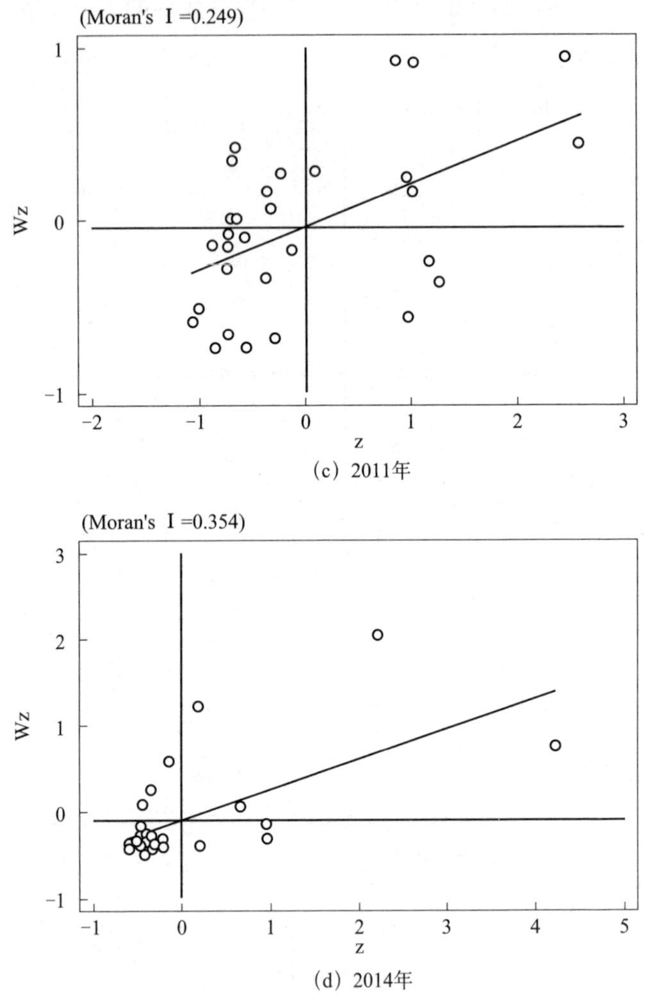


（c）2011年

（d）2014年

**图 5－3　中国主要年份省际农业环境规制投资效率的 Moran 散点图**

由图 5－3 和表 5－11 可以发现，位于第一象限的正自相关高—高聚集类型（HH），这一集群省份是自身农业环境规制投资效率高，同时相邻省份的农业环境规制投资效率也高的省份。其中，2005 年有 6 个省份位于第一象限，占样本总数的 20%；2008

年有9个省份，占样本总数的30%；2011年有7个省份，约占样本总数的23.3%；2014年只有5个省份，仅占样本总数的16.7%。位于第三象限的属于低—低聚集类型（LL），不但自身农业环境规制投资效率较低，其相邻的省份也较低。其中，2005年有9个省份位于第三象限，占样本总数的30%；2008年为12个省份，占样本总数的40%；2011年和2014年分别有13个省份和19个省份，占样本总数的13.3%和63.3%。

相对而言，位于第二象限的低—高聚集类型（LH）的省份，即自身与邻近省份的农业环境规制投资效率表现为出低—高（LH）的空间自相关关系。2005年、2008年、2011年和2014年这四年，分别有11个、4个、7个和3个省份位于第二象限。其他少数省份则位于第四象限，呈现高—低聚集类型（HL），即自身与邻近省份的农业环境规制投资效率表现为高—低（HL）的空间自相关关系。

**表5-11　主要年份农业环境规制投资效率Moran散点图的对应省份**

| 类型 | 2005年 | 2008年 | 2011年 | 2014年 |
| --- | --- | --- | --- | --- |
| 第一象限（HH） | 四川、贵州、陕西、甘肃、宁夏、新疆 | 吉林、黑龙江、内蒙古、海南、广西、广东、青海、宁夏、新疆 | 湖北、重庆、陕西、甘肃、青海、宁夏、新疆 | 辽宁、吉林、黑龙江、广西、云南 |
| 第二象限（LH） | 青海、重庆、湖北、上海、江苏、内蒙古、云南、浙江、山东、河南、广西 | 山西、四川、辽宁、甘肃 | 内蒙古、辽宁、黑龙江、上海、山东、四川、贵州 | 内蒙古、广东、贵州 |
| 第三象限（LL） | 北京、天津、河北、辽宁、安徽、江西、福建、广东、海南 | 北京、天津、江苏、浙江、安徽、江西、山东、河南、湖北、湖南、重庆、贵州 | 北京、天津、河北、山西、浙江、安徽、福建、江西、河南、广东、广西、海南、云南 | 北京、天津、河北、山西、上海、江苏、浙江、安徽、江西、山东、河南、湖北、湖南、重庆、四川、陕西、甘肃、青海、宁夏、新疆 |

续表

| 类型 | 2005 年 | 2008 年 | 2011 年 | 2014 年 |
| --- | --- | --- | --- | --- |
| 第四象限（HL） | 山西、吉林、江苏、湖南 | 河北、上海、福建、云南、陕西 | 吉林、江苏、湖南 | 海南、福建 |

（3）LISA 显著性水平类型。为进一步探究我国农业环境规制投资效率局部相关的显著性，厘清我国区域农业环境规制投资效率空间关联模式，在前面给出 Moran 散点图描述毗邻地区间的集聚关系类型的基础上，将 Moran 散点图与 LISA 显著性水平相结合，进一步以可视化分析得出了省际农业环境规制投资效率的 LISA 集聚图，从而显示了 2005～2015 年中国农业环境规制投资效率的局域空间相互作用模式。从中发现，中国 30 个省份的农业环境规制投资效率集聚效应越来越显著，而且呈现低—低集聚趋势。2005 年和 2008 年，全国多数省份均表现出 LISA 不显著，说明农业环境规制投资效率高值与低值较为分散的状态。2011 年和 2014 年，表现为 LISA 显著的省份开始增多，呈现低—低集聚的区域明显多于呈现高—高集聚的区域。东北地区省份的空间属性呈现出较为显著的高—高集聚，表明其农业环境规制投资效率具有很强的正向空间溢出效应。而东部和中部地区，更多表现为低—低集聚，表明其农业环境规制投资效率具有很强的负向空间溢出效应，西部地区则多为 LISA 不显著。

## 5.4　本章小结

本章在农业环境规制投资效率测算的基础上，进一步考察了我国地区间农业环境规制投资效率差距的动态演变规律，系统分析了农业环境规制投资效率的全局空间相关性和局部空间关联性，从省域层面更加系统地研究我国农业环境规制投资效率水平区域差异和集聚水平动态变动趋势，细致研究区域间的空间溢出效应与空间模仿行为。得出以下主要结论。

第一，在整个样本考察期间内，中国农业环境规制投资效率不存在绝对收敛（α 收敛和绝对 β 收敛），但全国范围内和四大区域内部的农业环境规制投资效率表现出了条件收敛的趋势，这说明中国地区间农业环境规制投资效率的差异不会无条件地自动消失，区域间农业环境规制投资效率的差距将会一直长期的客观存在，全国范围内和四大地区内部的农业环境规制投资效率将朝着自身的稳态水平增长。

第二，在整个样本考察期间，中国农业环境规制投资效率 LISA 显著性越来越明显，而且这种空间集聚的分布特征在 2010 年之后表现得更为突出，说明一个地区的农业环境规制投资效率并不是无规律的随机分布，而是越来越依赖于与之具有相似空间特征地区的农业环境规制投资效率水平。

# 第6章　中国农业环境规制投资效率的影响因素分析

前面分析表明，中国农业环境规制投资效率既存在一定的空间差异，又具有显著相关性，呈现出明显的空间集聚格局，并且区域间农业环境规制投资效率的差距并没有表现出随时间推移而逐步减小的趋势。那么，这种空间格局演变背后的驱动机制是怎样的呢？本章在已有研究的基础上，结合现阶段中国农业发展实际，引入农业环境规制投资效率的空间效应，采用空间计量经济模型，探索农业环境规制投资效率空间影响因素，以尽量避免未考虑空间关联的经典计量分析方法所带来的结果偏误，分析多因素作用下中国农业环境规制投资效率空间格局演变的形成机制。

## 6.1　影响因素分析

一方面，农业环境规制投资效率包含了农业环境规制投资的成本和收益两方面的信息。因此，凡是能够在降低农业环境规制投资成本的同时，提高农业环境规制的投资收益抑或降低农业面源污染排放的因素，都是驱动农业环境规制投资效率提升的原因；

另一方面，由于农业环境规制的外部性，一项农业规制的实施效率不仅会受到自身成本和收益的影响，还会受到周边相邻地区环境规制的影响。在分析农业环境规制投资效率的影响因素时，如果模型中忽视了这种空间相关性，可能会导致模型估计出现偏差。目前，对于农业环境规制投资效率的影响因素，国内外的相关理论文献和实证研究都相对较少，并且已有的研究成果往往忽略了空间因素。因此，在综合国内外已有相关研究文献基础上，根据农业环境规制投资效率的含义以及相关经济学理论，本书认为，空间地理、经济发展、产业结构、产业集聚、产业投资、教育水平、政府环保投入、工业化、全球化等因素，构成了中国农业环境规制投资效率时空格局演变的影响因素。具体表现上，各个变量对农业环境规制投资效率的影响因素如下。

（1）空间地理。由于农业经济活动对于自然环境的强烈依赖性，自然地理条件对农业的规模、结构等具有重要影响。中国农业自然资源类型多样，区域性特征明显。如果邻近地区的农业生产条件相似，那么可流动的农业生产要素在地区间的流动性就会增强，特别是随着科学技术以及交通条件的改善，农业生产要素在地区间的流动性越来越强。评价一个地区农业环境规制的投资效率水平，不能忽视周边相邻地区农业环境规制的实施效率，如果周边地区农业环境规制实施效率较好，可能会对本地区的农业环境产生积极作用，进而对农业环境规制的投资效率也会产生积极影响。所以，本书将运用空间计量经济模型，来分析空间因素对农业环境规制投资效率的影响。加入空间分布权重值，如果估计出的变量前的系数为正，则说明区域农业环境规制投资效率会受到其他相邻地区农业环境规制投资效率的影响。

（2）地区经济发展。理论上，经济发展阶段与农业环境规制投资效率高低有着一定的相关性。随着经济的快速发展，将会有更多的资源用于农业环境治理方面，避免农业环境污染恶化。无论是政府的财政预算资金投入，还是技术装备和环保人员的投入，都是政府加大农业环境治理的种种表现。在加大农业环境保护投入的同时，其治理结果是否有效，在追求经济发展的过程中，是否只是一味增加农业环境保护投入，而忽视产出收益，最终都会体现在农业环境规制投资效率的高低上。所以，地区经济发展是影响农业环境规制投资效率的因素之一，其影响的方向性有待判断。

（3）农村居民收入。理论分析和实践经验表明：当居民处于较低收入水平时，农民更在意经济产出，往往忽视资源环境的合理利用与保护，导致农业环境的破坏程度可能会加剧；当居民收入水平提高时，消费观念得到提升，环保意识也会随之增强，农民选择的生产方式更为集约化，有效降低对资源和环境的破坏。因此，农村居民收入提高对农业环境规制投资效率有正的影响。

（4）农业产业结构调整。显然，农业内部不同细分行业的污染物排放强度与类型不尽相同，因此，农业产业结构的变化必然导致不同的农业污染排放结果，导致不同的环境影响结果，进而影响农业环境规制的收益。相对污染密集型行业在农业产业结构中所占比重与农业面源污染排放量成正比，因此，农业产业结构调整对农业环境规制投资效率的影响方向待定。

（5）工业化水平。工业化的持续发展会吸收一定的农村劳动力，在劳动力出现不足时，农业生产过程可能使用更多化肥等生产资料以提高农业产量。同时，工业化发展过程如果没有注意环境保护，同样也会破坏农业环境。因此，该变量对农业环境规制投资效率的影响将通过实证检验进一步确定。

（6）农业产业集聚。产业集聚，是指同一产业在某个特定地理区域内高度集中、产业资本要素在空间范围内不断汇聚的过程。对于产业集聚对农业环境规制的影响，现在仍没有一致的结论。

一方面，农业产业集聚过程中往往伴随着农业产业规模的快速扩张，在资源禀赋的约束下，产业规模的扩张必然导致高强度的农业生产资料和农业自然资源投入，进而产生相对集中的、高强度的污染物排放，因此，可以将产业集聚视为农业环境规制投资效率的负面驱动因素；另一方面，产业集聚有利于先进技术的引入与推广，形成技术扩散效应，进而提高了资源的利用效率以及环境友好生产技术的使用，同时，环境污染物的集中处理也有效缓解了农业面源污染处理的难题，提高了农业污染的处理效率，也可能会提高资源的利用效率和减少污染的排放。因此，产业集聚对农业环境规制投资效率的影响方向需要进一步的实证检验。

（7）农民受教育水平。教育能够提高农业人力资本水平，进而促进农民更加有效地使用已有实物资本，驱动新技术和知识的发展；同时，受教育水平较高地区的农民，其环境保护意识也更高，在农业生产上相对较容易接受环境友好型技术，从而可以降低农业资源浪费和环境污染。所有这些都会使得农业环境规制投资效率得以提高。因此，农民受教育水平对农业环境规制投资效率的影响为正。

（8）环境保护力度。环境保护力度可以更为直观地反映地区政府在农业环境上的投入力度，也可以代表该地区政府对于环境保护的重视程度。但是，重视程度越高并不能代表该地区环保资金的使用效率就越高，可能存在无效的情况。所以，在模型中引入该指标，可以更好地说明当前政府在农业环境规制中投资资金使用效率是否有效，如果变量前系数是正的，说明政府加大农业环境规制投入对于投资效率起到正向影响，反之则是负向影响。

（9）城乡收入差距。博伊斯（Boyce，1994）提出，财富的不平等是资源和环境退化的重要因素。托雷斯和博伊斯（Torras and Boyce，1998）的研究指出，收入分配的不均将显著降低资源环境质量。① 潘丹和应瑞瑶（2010）也得出了相似的结论，认为随着收入差距扩大，不同收入水平群体对环境资源的支付意愿都会降低，最终导致环境污染的加剧。② 综合学者们的研究成果和结论，城乡收入差距对农业环境规制投资效率的影响是负面的。

## 6.2 实证检验

### 6.2.1 空间面板模型的选择和检验

根据前面对中国农业环境规制投资效率整体空间布局特征以及空间关联模式的分析，可以发现，中国省级区域间的农业环境规制投资效率呈现出显著的空间集聚效应，农业环境规制投资效率存在空间上的溢出效应和模仿效应。本书结合现有研究文献，分析多因素作用下环境规制效率空间格局演变的形成根源。由于理论上空间效应的存在，如果不对此加以考虑，则以农业环境规制投资效率作为因变量的计量模型存在着不可观测的空间异质性，进而产生内生性问题。在此情况下，采用 OLS 估计会导致回归结果的偏误，这样的结论不具有可靠性。空间计量模型在已有的 OLS 回归基础上，引入了空间效应，刻画了由于不可观测而导致的空间异质性和空间滞后现象，从而将空间效应纳入模型中，解决了不考虑空间效应而产生的内生性问题。同时，空间计量模型也能

① Boyce J. K. Inequality as a Cause of Environmental Degradation [J]. Published Studies, 1994, 11 (03): 169 - 178.

② 潘丹，应瑞瑶. 收入分配视角下的环境库兹涅茨曲线研究——基于 1986 - 2008 年的时序数据分析 [J]. 中国科技论坛，2010 (06): 94 - 98.

够准确地衡量农业环境规制效率在不同地区之间的空间依赖程度。因此，本书运用空间面板计量模型对农业环境规制投资效率的影响因素及其空间效应进行分析。

由于空间效应的不同类型，可以将空间面板模型分成三种基本类型：第一种是因变量受到其不同相邻地区的因变量的影响从而产生的空间相关性，该种模型称为空间面板滞后模型（spatial panel lag model-panel，SLM panel）；第二种是因变量没有受到相邻地区的自变量和因变量的影响，但是受到了不可观测的空间扰动影响，这种模型称为空间面板误差模型（spatial panel error model-panel，SEM panel）；第三种是因变量受到来自其他相邻地区的自变量和因变量的影响从而产生的空间相关性，该种模型称为空间杜宾模型（spatial durbin model，SDM）。

（1）空间面板滞后模型。空间面板滞后模型是通过在传统计量模型的基础上引入因变量的空间滞后项作为解释变量以反映数据的空间自相关，来分析空间“溢出效应”或邻居“扩散效应”的，其能够分析邻近省份的被解释变量变动对一个省份被解释变量变动的影响程度。如果一个地区的农业环境规制投资效率水平不仅取决于本地区的某些相关因素，而且与邻近地区农业环境规制投资效率水平有一定关联，那么利用空间面板滞后模型可以反映这种效应。空间面板滞后模型的表达式为：

$$Y_{it} = \rho WY_{it} + X_{it}\beta + \mu_{it} \tag{6.1}$$

式（6.1）中，i 代表地域 i；t 是时间变量；$Y_{it}$为因变量；$X_{it}$为 $n \times k$ 的外生解释变量矩阵；W 是 $n \times n$ 阶的空间权重矩阵；$WY_{it}$是因变量的空间自回归项；$\mu_{it}$是随机误差项，其中包含空间效应①和时间效应②；ρ 是空间自回归系数，其结果反映的是相邻

① 空间效应包含随地域属性变化但不存在时间效应的随机变量对均值水平的影响。
② 时间效应包含随时间变化但没有地域效应的随机变量对均值水平的影响。

空间地域的空间溢出效应，如果 $\rho$ 显著，则表明相邻地区间的解释变量存在空间依赖，即相邻的区域之间农业环境规制投资效率存在扩散、溢出等相互作用。如果 $\rho$ 不显著，则不存在这种空间溢出效应。$\rho$ 的大小反映了相邻地区之间这种空间扩散与溢出效应的平均强度。

（2）空间面板误差模型。空间面板误差模型是通过在传统计量模型的基础上引入扰动项的空间滞后项，以反映相邻地区影响农业环境规制投资效率的不可观测的空间误差冲击和扰动的程度。空间面板误差模型的表达式为：

$$Y_{it} = X_{it}\beta + \mu_{it} \tag{6.2}$$

其中，$\mu_{it} = \lambda W\mu_{it} + \varepsilon_{it}$，$\lambda$ 表示回归残差项的空间自回归系数，度量了可能缺失的解释变量或者不可观测的误差项对农业环境规制投资效率存在的空间误差溢出效应。从空间面板误差模型中可以看出，空间效应尽管可能不会通过因变量本身对其周边地区进行外溢，但是由于存在着可能缺失的自变量存在着空间溢出效应，或者由于不可观测的随机冲击存在着空间外溢的效应，因变量可能会通过这两种途径对于周边地区的农业环境回归投资效率产生空间外溢效应。

（3）空间面板杜宾模型。空间面板杜宾模型（SDM）是莱萨基和佩斯（LeSage and Pace，2009）在 SEM 和 SLM 两个模型的基础上发展起来的更一般的空间面板计量模型。SDM 模型在空间面板 Durbin 中同步纳入空间滞后项和空间相关项，弥补了空间滞后模型和空间误差模型各自的弊端，在解决被解释变量的空间滞后和误差项的空间依赖的同时，又能分析解释变量的空间滞后过程的空间过程，可以给出系数的一致的无偏估计。具体的模型如下：

$$Y = \rho Wy + X\beta + WXr + \varepsilon，\ \varepsilon \sim N(0，\ \delta^2 I_n) \tag{6.3}$$

$$Y_{it} = \rho \sum_{j=1}^{n} W_{ij} y_{jt} + x_{it}\beta + \sum_{j=1}^{n} W_{ij} x_{ijt}\delta + \mu_i + \gamma_t + \varepsilon_{it} \quad (6.4)$$

式（6.4）中，$W_{ij}$代表自变量和因变量的空间权重矩阵，i 表示个体效应，t 表示时间效应，$\varepsilon_{it}$表示随机扰动项，其中，个体效应控制了不随时间变化的省份异质因素的影响，时间效应控制了随时间变化的共同冲击的影响。这是一个标准的空间面板 Durbin 模型。

尽管目前大量的实证研究多是通过对空间回归系数的估计来检验区域间的空间溢出效应，但莱萨基（Lesage，2009）认为，空间计量回归所得出的自变量空间滞后的系数 d 存在偏误，无法真实反映空间变量的空间溢出效应，莱萨基提出，可以将自变量的空间溢出效应进行分解，分解成自变量对区域本身的影响和对其他区域的影响两部分，前者称为直接效应，后者称为间接效应。以下公式利用向量与矩阵详细阐述了这种效应的分解，SDM 模型的向量形式如下：

$$Y = \rho WY + X\beta + WX\delta + \tau_n\alpha + \varepsilon \quad (6.5)$$

通过式（6.5）变换可得：

$$(I_n - \rho W)\ Y = X\beta + WX\delta + \tau_n\alpha + \varepsilon \quad (6.6)$$

$$Y = \sum_{r=1}^{k} S_r(W)x_r + V(W)\tau_n\alpha + V(W)\varepsilon \quad (6.7)$$

$$S_r(W) = V(W)(L_n\beta_r + W\delta_r) \quad (6.8)$$

$$V(W) = (I_n - \rho W)^{-1} = I_n + \rho W + \rho^2 W^2 + \rho^3 W^3 + \cdots \quad (6.9)$$

$$\begin{pmatrix} y_1 \\ y_2 \\ \vdots \\ y_n \end{pmatrix} = \sum_{r=1}^{k} \begin{bmatrix} S_r(W)_{11}, & S_r(W)_{12} & ,\cdots, & S_r(W)_{1n} \\ S_r(W)_{21}, & \dot{S}_r(W)_{22} & ,\cdots, & S_r(W)_{2n} \\ \vdots & \vdots & \vdots & \vdots \\ S_r(W)_{n1}, & S_r(W)_{n2} & ,\cdots, & S_r(W)_{rn} \end{bmatrix} \begin{bmatrix} x_{1r} \\ x_{2r} \\ \vdots \\ x_{nr} \end{bmatrix}$$

$$+ V(W)\tau_n\alpha + V(W\varepsilon) \quad (6.10)$$

$$= \frac{1}{n}\text{trace}[S_W(W)]$$

$$= \frac{1}{n}\sum_{i=1}^{n}\sum_{j=1}^{n}S_W(W)_{ij}$$

$$Y_{it} = \rho\sum_{j=1}^{n}W_{ij}y_{jt} + x_{it}\beta + \sum_{j=1}^{n}W_{ij}x_{ijt}\delta + \mu_i + \gamma_t + \varepsilon_{it} \quad (6.11)$$

空间面板 Durbin 模型更具有一般性，它同时包含因变量和解释变量的空间滞后项，弥补了空间滞后模型和空间误差模型各自的弊端，比较适合检验具有空间溢出效应的农业环境规制投资效率及其影响因素的模型。

在进行空间面板实证分析之前，需要进行 LR test 和 Hausman test 来判断固定效应和随机效应的选择。埃尔霍斯特（Elhorst, 2009）给出了空间面板固定效应和随机效应的检验程序。

### 6.2.2 变量处理和数据来源

（1）地区经济发展水平。本书采用实际人均生产总值来衡量地区经济发展水平。数据来源于 2006 ~ 2016 年《中国统计年鉴》。

（2）农村居民收入水平。本书采用农村居民人均收入反映农村居民收入水平，并且通过价格平减指数，以 2005 年作为基期，去除价格因素对于农村居民人均收入的影响。① 去除价格因素的影响后，可以通过比较不同年份之间的农村居民人均收入来衡量农村居民收入的变化情况。数据来源于 2006 ~ 2016 年《中国统计年鉴》。

---

① 定基比指数的换算方法为：本年以 2005 年为 100 的定基比消费者价格指数 = 本年以上年为 100 的环比消费者价格指数 × 上年以 2005 年为 100 的定基比消费者价格指数/100。

（3）农业产业结构。本书借鉴梁流涛等（2010）① 和葛继红、周曙东（2011）② 的研究，以畜禽养殖业产值占农业总产值的比重表示地区农业产业结构。该指标越高，说明该地区农业产业中更主要以畜禽养殖业为主。数据来源于2006～2016年《中国农业统计年鉴》。

（4）工业发展程度。本书采用工业总产值占地区生产总值的比重来表示地区工业发展程度。该指标越高，说明该地区工业发展程度越高。数据来源于2006～2016年《中国统计年鉴》。

（5）农业产业集聚。对于产业集聚的度量，现有研究主要方法包括市场集中度（concentration ration of industry，CR）、赫芬达尔-赫尔希曼指数（Herfindahl-Hirschman index，HHI）、区位熵指数等。对于各地区农业产业集聚程度的度量，本书采用区位熵指数，其计算公式为：

$$HV_{im} = \frac{A_{im}/A_i}{A_m/A} \tag{6.12}$$

式（6.12）中，$HV_{im}$表示i地区产业m（农业）的区位熵指数；$A_{im}$为区域i农业产业的总产值；$A_i$是区域i国民生产总值；$A_m$代表全国农业产业的总产值；A是全国国民生产总值。该指标越高，说明该地区农业产业集聚度越高。数据来源于2006～2016年《中国统计年鉴》。

（6）农民受教育程度。本书选择农村劳动力中高中及以上文化程度劳动者所占比重来衡量地区农民受教育程度。该比重越高，说明该地区农民受教育程度越高。数据来源于2006～2016年《中

① 梁流涛，冯淑怡，曲福田．农业面源污染形成机制：理论与实证［J］．中国人口·资源与环境，2010，20（04）：74－80.

② 葛继红，周曙东．农业面源污染的经济影响因素分析——基于1978－2009年的江苏省数据［J］．中国农村经济，2011（05）：72－81.

国人口与就业统计年鉴》。

（7）环境保护力度。环境保护力度可以更为直观地反映地区政府在农业环境上的投入力度，本书采用环境污染治理投资总额占 GDP 的比重来衡量不同地区政府对于环境的保护力度。该项指标比重越高，说明政府对于环境的保护力度越大。数据主要来源于 2006～2016 年《中国统计年鉴》。

（8）城乡收入差距。现有文献中常用城镇人均可支配收入与农村人均纯收入之比来度量城乡收入差距，本书也采用此种度量方法衡量城乡收入差距，该指标越大，说明城乡收入差越大。数据主要来源于 2006～2016 年《中国统计年鉴》。本书对农业环境规制投资效率各种影响因素的变量选择和预期影响方向说明如表 6－1所示。

**表 6－1　农业环境规制投资效率影响因素的变量选择和说明**

| 变量名称 | 变量符号 | 变量解释 | 预期影响方向 |
| --- | --- | --- | --- |
| 地区经济发展水平 | Ecol | 人均 GDP | +/- |
| 农村居民收入水平 | Inco | 农村居民人均收入 | + |
| 农业产业结构调整 | Stru | 畜禽养殖业产值占农业产值的比重 | +/- |
| 工业发展程度 | Indu | 工业增加值占地区生产总值的比重 | +/- |
| 农业产业集聚 | Aggl | 区位熵指数 | +/- |
| 农民受教育水平 | Educ | 农村劳动力中高中及以上文化程度劳动者所占比重 | + |
| 环境保护力度 | Regu | 环境污染治理投资总额占 GDP 的比重 | +/- |
| 城乡收入差距 | Ineq | 城镇居民人均可支配收入与农村居民人均纯收入比值 | - |

农业环境规制投资效率各影响因素的基本统计描述如表 6－2所示。

表 6－2　　　　全国各指标统计性描述

| 变量名称 | 平均值 | 标准差 | 最大值 | 最小值 |
| --- | --- | --- | --- | --- |
| 地区经济发展水平（元） | 33057.51 | 20493.23 | 105231.00 | 5052.00 |
| 农村居民收入水平（元） | 6592.51 | 3622.12 | 21191.60 | 1877.00 |
| 农业产业结构调整（%） | 31.35 | 9.18 | 58.12 | 11.77 |
| 工业发展程度（%） | 40.97 | 7.74 | 53.04 | 14.69 |
| 农业产业集聚 | 1.16 | 0.58 | 3.08 | 0.05 |
| 农民受教育水平（%） | 16.10 | 6.87 | 44.50 | 5.98 |
| 环境保护力度（%） | 1.34 | 0.63 | 4.24 | 0.42 |
| 城乡收入差距 | 3.01 | 0.57 | 4.60 | 2.03 |

资料来源：根据《中国统计年鉴》（2006～2016 年）数据计算绘制。

从表 6－3 可以看出，东部地区经济发展水平明显高于其他地区，其人均 GDP 均值是中部地区和西部地区的 2 倍有余，农村居民收入水平也明显高于全国平均水平。在描述地区经济结构的指标中。农民受教育程度明显优于其他地区。但是，政府给予农业的财政支持和在农业环境上的保护力度却少于其他地区。结合上面农业环境规制投资效率值的计算，虽然东部地区农业环境规制投入较少，但是由于效率水平较高，使得农业环境规制产生的收益值始终保持较高水平，地区农业环境得到有效保护。

表 6－3　　　　东部地区各指标统计性描述

| 变量名称 | 平均值 | 标准差 | 最大值 | 最小值 |
| --- | --- | --- | --- | --- |
| 地区经济发展水平（元） | 49108.67 | 23216.12 | 105231.00 | 10871.00 |
| 农村居民收入水平（元） | 9323.82 | 4232.32 | 21191.60 | 3004.00 |
| 农业产业结构调整（%） | 26.43 | 7.96 | 50.49 | 14.85 |
| 工业发展程度（%） | 40.18 | 11.17 | 51.96 | 14.69 |
| 农业产业集聚 | 0.81 | 0.78 | 3.08 | 0.05 |
| 农民受教育水平（%） | 22.47 | 7.34 | 44.50 | 14.56 |
| 环境保护力度（%） | 1.22 | 0.49 | 3.08 | 0.42 |
| 城乡收入差距 | 2.59 | 0.28 | 3.20 | 2.04 |

资料来源：根据《中国统计年鉴》（2006～2016 年）数据计算绘制。

从表6-4可以看出，中部地区各项指标统计数值多数处于中等水平。但是，代表农业产业集聚程度的区位熵指数大于1，且高于东部地区和东北部地区，略低于西部地区，说明中部地区的农业发展在全国范围内占据较为重要的地位。政府给予农业的财政支持和在农业环境上的保护力度也较高，但是，由于农业环境规制投资效率水平不高，较高的投入并没有实现较高的产出效果，中部地区农业环境成为制约农业发展的“瓶颈”。

表6-4　　　　中部地区各指标统计性描述

| 变量名称 | 平均值 | 标准差 | 最大值 | 最小值 |
|---|---|---|---|---|
| 地区经济发展水平（元） | 23550.97 | 9864.07 | 47145.00 | 8670.00 |
| 农村居民收入水平（元） | 5680.88 | 2232.84 | 10849.10 | 2641.00 |
| 农业产业结构调整（%） | 30.76 | 4.11 | 44.02 | 22.91 |
| 工业发展程度（%） | 43.62 | 5.33 | 53.04 | 33.28 |
| 农业产业集聚 | 1.31 | 0.35 | 2.09 | 0.43 |
| 农民受教育水平（%） | 15.78 | 2.62 | 20.50 | 9.89 |
| 环境保护力度（%） | 1.24 | 0.61 | 2.71 | 0.57 |
| 城乡收入差距 | 2.93 | 0.22 | 3.30 | 2.49 |

资料来源：根据《中国统计年鉴》（2006~2016年）数据计算绘制。

从表6-5可以看出，西部地区经济发展水平的各项指标均明显低于全国平均水平，代表了西部地区经济发展整体水平仍然较为落后。与中部地区一样，西部地区的农业发展在全国范围内也占据着重要地位（通过区位熵指数来判断），是国家主要农作物的重点产区。所以，西部地区的农业发展也是关系到国家战略的重要产业。因此，西部地区政府给予农业的财政支持和在农业环境上的保护力度也是最高的。但是，从农业环境规制投资效率的计算结果来看，西部地区农业环境规制投资效率还有待提升，避免由于农业环境污染影响农业的健康发展。

表6-5　　西部地区各指标统计性描述

| 变量名称 | 平均值 | 标准差 | 最大值 | 最小值 |
| --- | --- | --- | --- | --- |
| 地区经济发展水平（元） | 23700.95 | 13415.33 | 71046.00 | 5052.00 |
| 农村居民收入水平（元） | 4605.68 | 1999.30 | 9976.30 | 1877.00 |
| 农业产业结构调整（%） | 33.79 | 10.44 | 58.12 | 11.77 |
| 工业发展程度（%） | 39.52 | 4.75 | 49.45 | 30.43 |
| 农业产业集聚 | 1.38 | 0.35 | 2.09 | 0.81 |
| 农民受教育水平（%） | 11.95 | 3.61 | 20.10 | 5.98 |
| 环境保护力度（%） | 1.55 | 0.75 | 4.24 | 0.52 |
| 城乡收入差距 | 3.58 | 0.47 | 4.60 | 2.72 |

资料来源：根据《中国统计年鉴》（2006~2016年）数据计算绘制。

从表6-6可以看出，样本期间，东北地区经济发展水平和农村居民收入水平均虽然高于西部地区和中部地区，但是近些年由于经济增速放缓和产业转型需求，东北地区赖以生存和发展的重工业（从工业发展程度统计指标可以看出）受到一定冲击，所以经济发展增速已明显落后于其他地区。同时，东北地区农业发展集聚程度也高于全国平均水平，说明东北地区也是国家重要的农业产业基地。东北地区对于农业财政支持和农业环境保护的投入虽然没有中部地区和西部地区高，但却有着较好的农业环境规制投资效率，农业环境规制产生了较为合理的收益值，农业环境也得到了一定保护。

表6-6　　东北地区各指标统计性描述

| 变量名称 | 平均值 | 标准差 | 最大值 | 最小值 |
| --- | --- | --- | --- | --- |
| 地区经济发展水平（元） | 32874.10 | 14428.19 | 65201.00 | 13348.00 |
| 农村居民收入水平（元） | 6596.45 | 2556.46 | 11191.50 | 3221.30 |
| 农业产业结构调整（%） | 39.99 | 4.96 | 47.70 | 30.36 |
| 工业发展程度（%） | 43.61 | 4.14 | 49.08 | 31.81 |

续表

| 变量名称 | 平均值 | 标准差 | 最大值 | 最小值 |
|---|---|---|---|---|
| 农业产业集聚 | 1.24 | 0.28 | 1.91 | 0.88 |
| 农民受教育水平（%） | 10.75 | 2.17 | 15.00 | 7.50 |
| 环境保护力度（%） | 1.21 | 0.42 | 2.75 | 0.71 |
| 城乡收入差距 | 2.46 | 0.19 | 2.70 | 2.03 |

资料来源：根据《中国统计年鉴》（2006～2016 年）数据计算绘制。

### 6.2.3 变量的平稳性检验

在进行下一步空间计量模型分析之前，需要对原始数据变量的平稳性进行检验，通过单位根检验方法判断原始数据的平稳性，以防止用非平稳时间序列建立回归模型极有可能产生的数据“伪回归”现象。多数研究关于面板单位根检验的方法主要有：LLC 检验（Levin，Lin and Chu，2002）、Breitung 检验（Breitung，2000）、IPS 检验（Im，Pesaran and Shin，2003）、Fisher-ADF（Maddala and Wu，1999；Choi，2001）、Hadri 检验（Hadri，1999）等检验方法。其中，前四种检验的原假设是含有单位根，而 Hadri 检验的原假设则是不含有单位根。综合考虑各种单位根检验方法的特点以及局限性，本书采用 LLC 检验、Breitung 检验、IPS 检验和 Hadri 检验这四种方法对原始数据进行稳定性检验，其中，AERC 表示农业环境规制投资效率水平，本书所用数据和变量的面板单位根检验结果如表 6－7 所示。

表 6－7　面板数据的平稳性检验

| 变量 | LLC | Breitung | IPS | Hadri |
|---|---|---|---|---|
| AERC | －2.3257<br>（0.0044） | －4.9565<br>（0.0000） | －2.3257<br>（0.0044） | 0.2115<br>（0.0000） |

续表

| 变量 | LLC | Breitung | IPS | Hadri |
|---|---|---|---|---|
| Ecol | -3.2908<br>(0.0000) | -1.8562<br>(0.0317) | -3.2908<br>(0.0000) | 0.1520<br>(0.0000) |
| Inco | -2.8243<br>(0.0000) | -2.4664<br>(0.0068) | -2.8243<br>(0.0000) | 0.1700<br>(0.0000) |
| Stru | -2.9393<br>(0.0000) | -7.3614<br>(0.0000) | -2.9393<br>(0.0000) | -0.1580<br>(0.0000) |
| Indu | -3.7425<br>(0.0000) | -3.3447<br>(0.0004) | -3.7425<br>(0.0000) | 0.0322<br>(0.0000) |
| Aggl | -2.9125<br>(0.0000) | -4.5572<br>(0.0000) | -2.9125<br>(0.0000) | 0.1152<br>(0.0000) |
| Educ | -4.3346<br>(0.0000) | -1.9143<br>(0.0278) | -4.3346<br>(0.0000) | -0.0605<br>(0.0000) |
| Regu | -2.4133<br>(0.0001) | -5.2846<br>(0.0000) | -2.4133<br>(0.0001) | 0.0921<br>(0.0000) |
| Ineq | -1.8920<br>(0.0038) | -3.9024<br>(0.0000) | -1.8920<br>(0.0038) | 0.3959<br>(0.0000) |

注：括号内数据为 P 值。

根据表 6-7 的结果可知，各变量指标均显著通过了 LLC 检验、Breitung 检验、IPS 检验和 Hadri 检验，说明本书选取的主要变量指标的面板数据较为稳定，一定程度上可以避免“伪回归”现象的出现。由此，可以对各面板数据序列进行进一步的空间计量模型分析，探究各因素对于农业环境规制投资效率的影响。

## 6.3 结果与分析

### 6.3.1 模型估计结果

本书选择相邻性权重矩阵作为衡量空间效应的权重值，运用

SLM 模型、SEM 模型、SDM 模型对中国农业环境规制投资效率影响因素的空间计量模型进行估计，估计结果如表 6 - 8 所示。

**表 6 - 8　　农业环境规制投资效率空间计量回归结果**

| 变量 | SLM 模型 | SEM 模型 | SDM 模型 |
|---|---|---|---|
| | 系数 | 系数 | 系数 |
| Ecol | -0.00000126<br>(0.00000246) | -0.00000120<br>(0.00000237) | -0.00000487 **<br>(0.00000185) |
| Inco | 0.0000316<br>(0.0000261) | 0.0000316<br>(0.0000249) | 0.0000403<br>(0.0000298) |
| Stru | -0.245<br>(0.241) | -0.239<br>(0.238) | -0.520 *<br>(0.215) |
| Indu | -0.0843<br>(0.322) | -0.0780<br>(0.319) | -0.623<br>(0.536) |
| Aggl | 0.0533<br>(0.0695) | 0.0558<br>(0.0707) | -0.111<br>(0.101) |
| Educ | -0.00538<br>(0.00469) | -0.00548<br>(0.00468) | 0.00150<br>(0.00861) |
| Regu | 0.0272<br>(0.0695) | 0.0266<br>(0.0689) | 0.0361 ***<br>(0.0138) |
| Ineq | -0.0292<br>(0.0496) | -0.0287<br>(0.0512) | -0.0741 **<br>(0.0283) |
| _ cons | 0.933 **<br>(0.460) | 0.938 **<br>(0.476) | 0.895 **<br>(0.423) |
| ρ | 0.0114<br>(0.0907) | — | 0.0228 ***<br>(0.0078) |
| λ | — | -0.0167<br>(0.0839) | — |
| θ | -1.327 ***<br>(0.190) | — | -1.349 ***<br>(0.206) |
| $\sigma^2$ | 0.0796 ***<br>(0.0175) | 0.0796 ***<br>(0.0174) | 0.0752 ***<br>(0.0148) |
| φ | — | 0.780 ***<br>(0.302) | — |

注：括号内数据为标准误；***、**、* 分别表示通过显著性水平为 1%、5% 和 10% 的显著性检验。

表 6－8 的检验结果表明，空间面板 Durbin 模型具有更好的估计效果。因此，本书选择空间面板 Durbin 模型对中国农业环境规制投资效率的影响因素进行分析。表 6－9 给出了空间面板 Durbin 模型的环境规制效率相关影响因素的估计结果。

**表 6－9　　基于空间面板 Durbin 模型估计结果**

| 变量 | SDM 随机效应 | SDM 固定效应 | 变量 | SDM 随机效应 | SDM 固定效应 |
|---|---|---|---|---|---|
| Ecol | －0.00000487 **<br>(0.00000185) | －0.00000345 **<br>(0.00000142) | W × Ecol | －0.00000841 **<br>(0.00000389) | －0.00000632 **<br>(0.00000263) |
| Inco | 0.0000403<br>(0.0000298) | 0.0000346<br>(0.0000287) | W × Inco | －0.0000167<br>(0.0000260) | －0.0000163<br>(0.0000262) |
| Stru | －0.520 *<br>(0.215) | －0.532<br>(0.398) | W × Stru | －0.196 *<br>(0.083) | －0.246<br>(0.171) |
| Indu | －0.623<br>(0.536) | －0.576<br>(0.547) | W × Indu | －0.804<br>(0.779) | －0.692<br>(0.760) |
| Aggl | －0.111<br>(0.101) | －0.111<br>(0.102) | W × Aggl | 0.287 **<br>(0.124) | 0.255 **<br>(0.126) |
| Educ | 0.00150<br>(0.00861) | 0.000966<br>(0.00896) | W × Educ | 0.0140<br>(0.00953) | 0.0127<br>(0.00793) |
| Regu | 0.0361 ***<br>(0.0138) | 0.0362 ***<br>(0.0139) | W × Regu | 0.0739 **<br>(0.0272) | 0.0206 ***<br>(0.0076) |
| Ineq | －0.0741 **<br>(0.0283) | －0.0659 *<br>(0.0346) | W × Ineq | 0.0666<br>(0.118) | 0.0422<br>(0.120) |
| ρ | 0.0228 ***<br>(0.0078) | 0.0526 ***<br>(0.0140) | ρ | 0.0228 ***<br>(0.0078) | 0.0526 ***<br>(0.0140) |
| LR | 21.9763 ** | | LR | 21.9763 ** | |
| Hausman | 3.5 | | Hausman | 3.5 | |

注：括号内数据为标准误；***、**、* 分别表示通过显著性水平为 1%、5% 和 10% 的显著性检验。

表 6－9 的回归统计结果显示，空间面板 Durbin 模型的 Hausman 检验统计值为 3.5，P 值为 0.9409，统计结果不显著，接受原

假设，即模型选择应为空间 Durbin 随机效应模型。根据空间 Durbin 随机效应模型的回归结果表明，LR 的值为 21.9763，这说明通过空间面板 Durbin 模型可以对中国农业环境规制投资效率的影响因素进行有效估计。

### 6.3.2 实证结果分析

表6-9是基于距离权重矩阵的空间面板 Durbin 模型估计结果，可以得到以下结论。

（1）空间效应。空间面板 Durbin 模型的估计结果显示，农业环境规制投资效率空间滞后项前面的系数 $\rho$ 为正并且统计显著，证明样本期间中国农业环境规制投资效率水平存在着邻近地区间的空间依赖性，具有一定的空间关联效应，一个地区的农业环境规制投资效率水平在一定程度上依赖于与之邻近地区的农业环境规制投资效率水平。模型的统计结果充分反映了近年来中国农业市场体系的日趋完善，农业生产要素的空间流动性越来越大，加之环境污染本身具有的空间扩散效应，相邻地区的农业环境规制投资效率必然产生相互依赖的现象，在环境规制政策的制定上具有一定的模仿行为。

（2）地区经济发展水平。根据空间面板 Durbin 模型估计结果，地区人均 GDP 通过显著性检验，说明本地区经济发展水平对于本地区农业环境规制存在负相关关系，与周边地区农业环境规制投资效率也存在负相关关系。这种关系很可能是由现阶段经济社会发展的阶段性特征所决定的。事实上，现阶段农业经济发展与农业环境规制处于两难境地，对于大多数地区，实现经济快速增长是首要目标，所以农业生产往往无暇也无力顾及环境的规制与保护，尽管在农业环境规制上的投入较多，但是产生的农业环境规制收益十分有限，因此，农业环境规制投资效率出现明显提升仍需时日。同时，随着经济进入新常态，农业可持续发展又面临经济增长减速压力，这也凸显了当前经济转型背景下经济增长压力与农业环境保护的双重困境。

（3）农村居民收入。一般认为，随着农村居民收入的提高，环保意识也会随之增强，农业经济发展将更加依赖于先进技术和现代化管理，实现增长的同时对农业环境的破坏将会降低。从空间面板 Durbin 模型估计结果来看，农村居民收入与本地区农业环境效率存在不显著的正相关性，与周边其他地区的农业环境规制投资效率存在不显著的负相关性，说明当前农村居民收入水平的提升并没有显著影响所在区域农业环境规制投资效率水平。当前，农村整体生活仍然处于较低水平，尽管农村居民收入得到一定提升，但是并没有改善原有的农业发展模式，在追求农业经济发展的同时并没有注重农业生态环境的保护和合理利用。所以导致农村居民收入的提升并没有显著影响农业环境规制的效率水平。

（4）农业产业结构。畜禽养殖业是农业面源污染的主要来源，2010 年公布的《第一次中国污染普查公报》显示，农业总氮和总磷的排放量分别为 270.46 万吨和 28.47 万吨，其中，畜禽养殖业总氮和总磷污染物的排放量分别为 102.48 万吨和 16.04 万吨，所占比重分别为 37.89% 和 56.34%，同时，畜禽养殖业还产生了铜 2397.23 吨，锌 4756.94 吨，粪便产生量为 2.43 亿吨，尿液产生量为 1.63 亿吨。[①] 所以，畜禽养殖业可以说是农业面源污染的主要来源。具体如表 6-10 所示。

通过农业环境规制合理优化畜禽养殖业产业结构，可以实现资源最优化配置，在一定程度上减少农业面源污染物的排放，提

① 《第一次中国污染普查公报》。

高农业环境规制的产出收益，从而提升农业环境规制投资效率。从模型的估计结果来看，畜禽养殖业产业结构与农业环境规制投资效率呈显著负相关，说明合理优化畜禽养殖业所占比重可以提升农业环境规制投资效率。从图 6 - 1 中可以发现，畜禽养殖业在农业产业中的所占比重呈现波动走势，这表明农业产业结构在一定时间内在种植业和养殖业之间相互调整。如果养殖业特别是畜禽养殖业比重过高，将会成为农业环境规制投资效率水平提高的负面动力。因此，有必要通过农业环境规制对农业产业结构做合理优化，以降低农业环境的破坏。

**表 6 - 10　　农业源主要污染物排放量**　　单位：万吨

| 类型 | 化学需氧量（COD） | 总氮（TN） | 总磷（TP） |
|---|---|---|---|
| 农业源 | 1324.09 | 270.46 | 28.47 |
| 种植业 | — | 159.78 | 10.87 |
| 畜禽养殖业 | 1268.26 | 102.48 | 16.04 |
| 水产养殖业 | 55.83 | 8.21 | 1.56 |

资料来源：根据《第一次全国污染源普查公报》整理绘制。

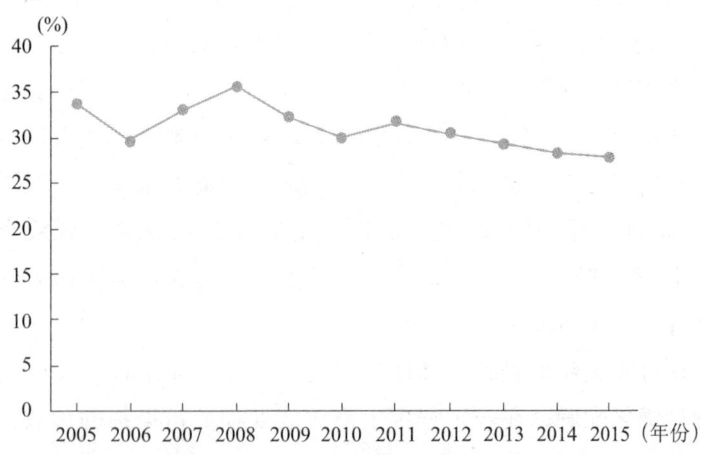


**图 6 - 1　2005 ~ 2015 年中国畜禽养殖业在农业产业所占比重**

资料来源：根据《中国农业统计年鉴》（2006 ~ 2016 年）相关数据整理计算而得。

（5）工业发展程度。根据空间面板 Durbin 模型估计结果显示，工业发展程度对农业环境规制投资效率均呈现不显著负相关关系，无论是对本地区还是对周边地区。这表明现阶段工业化过程中的工业污染并没有明显破坏农业环境，降低农业环境规制投资效率。图 6－2 为 2005～2015 年农业和工业分别占国内生产总值比例的变化情况。

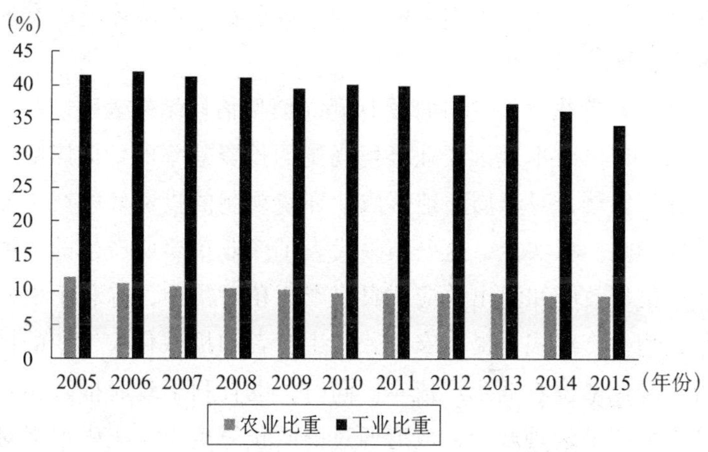


**图 6－2　2005～2015 年中国产业结构变化**

资料来源：根据《中国统计年鉴》（2006～2016 年）相关数据整理绘制。

从图 6－2 中可以发现，样本期间，农业在国民经济中地位持续下降，农业总产值占地区生产总值的比例逐年下降，由 2005 年的 12% 降低到 2015 年的 9.2%，十一年间下降了 2.8%。同期，工业占国民经济的比重也波动下滑，工业总产值占地区生产总值比例由 2005 年的 41.6% 下降到 2015 年的 34.3%，十一年间下降了 7.3%，尽管出现了占比的下降，但工业仍是国民经济的主导产业。对农业环境规制投资效率可能会造成两方面的影响：一方面，工业化的持续发展仍然对农业部门的产出提出了更高的要求。国民经济仍然需要农业部门为工业发展提供大量初级产品，由于土地、水源等自然资源的约束，农业部门往往只能依靠提高化肥、农药等化学要素投入来达到继续扩大农产品的产量，这势必对农业环境带来了负面影响。另一方面，工业化的发展继续推动城镇化进程，工业化对农业部门生产力的推动以及工业化对劳动力的需求，这两方面的因素进一步刺激农村剩余劳动力的转移，农业部门中大量高素质劳动力被从农业生产中剥离，余下的农业生产者往往受教育、体力等因素的限制，对于农业资源环境的合理利用和保护缺乏积极性。

（6）产业集聚。空间面板 Durbin 模型估计结果表明，产业集聚虽然表现出对本地区农业环境规制的投资效率的负向影响，但系数并不显著，对于周边地区农业环境规制的投资效率产生显著的正向影响。事实上，这一结果代表了产业集聚所产生的两种效应——集聚效应和溢出效应。农业产业相对集中，有利于更好发展集约型生产模式，提高农业劳动生产者和机械化大生产的协同整合，降低单位农业生产成本。同时，也有利于政府推行相对集中的环境污染治理政策，政府通过财政预算资金，集中加强对于农业生产集聚区的环境保护基础设施建设，有利于提升农业环境规制的整体投资效率水平。农业产业相对集中，也有助于提升农业对于高质量人力资本的吸引，提高社会公众整体环保意识，形成促进农业经济内生性的增长模式。农业产业集聚也会使农业污染相对集中，就像前面提到的畜禽养殖业，过度发展畜禽养殖业会造成局部地区农业环境受到污染。近年来，国家通过实施农业沼气工程等农业规制投资手段，在一定程度上减少了产业集聚所带来的负面环境效应。从空间面板 Durbin 模型估计结果来看，农业产业集聚虽然对本地区农业环境规制投资效率并没有产生显著的正向影响，但是通过空间溢出效应，显著影响了周边地区农业环境规制的投资效率水平，提高了周边地区农业环境质量。

（7）农民受教育水平。空间面板 Durbin 模型估计结果表明，农民受教育水平表现出对农业环境规制的投资效率的不显著正向影响。原因可能是多方面的，目前，农业产业对于高质量人才的吸引力仍然较低，农业劳动力整体教育程度依旧不高，高中及以上文化程度的农业劳动力所占比例较低，抑制了农民环保意识的提升。尽管近些年农村涌现出一大批大学生甚至更高学历的人才，但是这部分人才毕业后很多选择留在城市，导致农民整体受教育水平并没有得到显著提高。同时，通过提高受教育程度改善现有农村经济整体经营模式是需要一定时间的。综合上述原因，使得农民受教育水平的提升并没有显著提高农业环境规制投资效率。

（8）环境保护力度。空间面板 Durbin 模型估计结果显示，环境保护力度的提高无论是对本地区还是对临近的周边地区农业环境规制投资效率，都有显著的提升作用。通过实证结果可以发现，环境保护力度与财政支持对于农业环境规制的投资效率的影响是不同的，这也更能说明现有的农业财政补贴政策存在一定的问题。农业财政补贴更多地体现在对于农业生产要素价格的扰动。而对于环境污染治理的直接投资，则更能表现出农业基础设施的完善，对于农业环境规制投资效率可以起到更为明显的促进作用。

（9）城乡收入差距。空间面板 Durbin 模型估计结果表明，城乡收入差距表现出对本地区农业环境规制的投资效率的显著负向影响，对周边地区农业环境规制的投资效率呈不显著正向影响。所以，城乡收入差距的扩大将导致农业环境规制投资效率水平的降低。图 6 - 3 显示了样本期间中国城乡收入差距变化趋势情况。

从图 6 - 3 中可以看出，2005 ~ 2013 年，中国城乡收入差距比均在 3 以上，始终运行于高位，2014 年和 2015 年，我国城乡收入差距比降低到 3 以内，城乡收入差距仍不可小觑。当前，农业生产者整体收入水平较低，社会保障政策相对不完善，农产品收入是

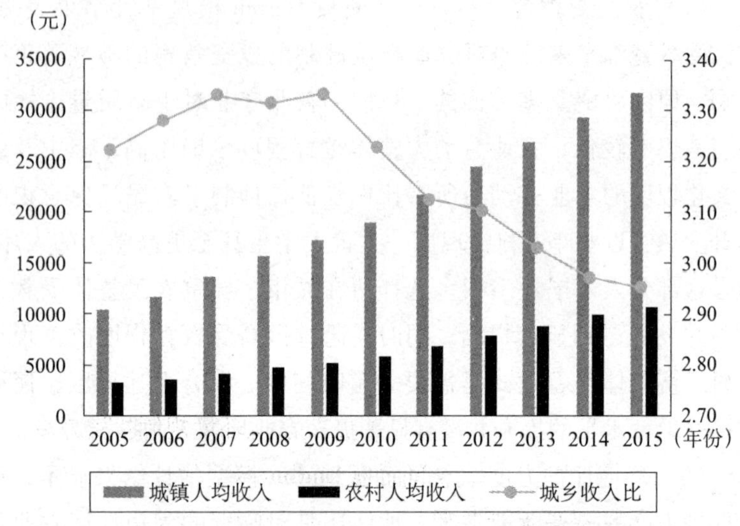


**图 6-3　2005~2015 年中国城乡收入差距变化趋势**

资料来源：根据《中国统计年鉴》(2006~2016 年) 相关数据整理绘制。

农业生产者主要的经济来源。在技术和要素一定的情况下，为了获得更多收入，农业劳动者往往会选择粗放式生产模式进行生产。过度利用农业环境资源是其迫不得已的选择，客观上加剧了农业自然资源的浪费和农业环境的破坏。因此，改善城乡收入差距，提高农业生产者的收入水平，对保证农业环境规制投资效率、实现农业可持续发展具有重要作用。

综合以上各因素分析，发现传统上认为经济发展程度较高的东部地区农业环境规制的投资效率水平尽管也呈现出相对有效，但是略低于东北部地区。究其原因，代表地区经济发展程度的指标，例如人均 GDP、产业结构等指标对于农业环境规制的投资效率或负向影响，或不显著影响。说明当前地区经济发展程度并不能有效解释农业环境规制的投资效率水平。反而是城乡收入差异指标，从实证结果来看，对于农业环境规制的投资效率呈显著的正向影响。

从表6-11可以看出，东北部地区城乡收入差异性较好，对于提升农业环境规制的投资效率水平起到了积极作用。所以，平衡城乡收入差异性是提升农业环境规制投资效率的有效途径之一。

**表6-11　　各地区城市和农村个人可支配收入对照表**

| 地区 | 2013年 | | | 2014年 | | | 2015年 | | |
|---|---|---|---|---|---|---|---|---|---|
| | 城市(元) | 农村(元) | 城市/农村 | 城市(元) | 农村(元) | 城市/农村 | 城市(元) | 农村(元) | 城市/农村 |
| 东部地区 | 23658.4 | 11856.8 | 2.00 | 25954.0 | 13144.6 | 1.97 | 28223.3 | 14297.4 | 1.97 |
| 中部地区 | 15263.9 | 8983.2 | 1.70 | 16867.7 | 10011.1 | 1.68 | 18442.1 | 10919.0 | 1.69 |
| 西部地区 | 13919.0 | 7436.6 | 1.87 | 15376.1 | 8295.0 | 1.85 | 16868.1 | 9093.4 | 1.85 |
| 东北部地区 | 17893.1 | 9761.5 | 1.83 | 19604.4 | 10802.1 | 1.81 | 21008.4 | 11490.1 | 1.83 |

资料来源：根据《中国统计年鉴（2016）》整理。

## 6.4　本章小结

经济地理理论认为，地球上每个地区并不是独立存在的，而是与其他相邻的地区间在经济和社会上存在密切联系。由于农业环境具有较强的经济外部性，农业生产也对自然条件拥有很强的依赖性，所以，研究农业环境规制投资效率问题，理所应当将这些地理因素考虑到模型中，使得模型的估计结果更具合理性。基于此，本章通过空间计量模型，在充分考虑农业环境规制投资效率空间效应的基础上，对中国农业环境规制投资效率的影响因素进行了分析，并且通过空间面板Durbin模型分析解释变量的空间滞后项与被解释变量之间的相关关系。本章的主要结论有以下几点。

第一，空间因素对中国农业环境规制投资效率具有显著的影响。农业环境规制投资效率空间面板Durbin模型估计结果显示：

空间相关系数 ρ 通过显著性检验，证明中国农业环境规制投资效率存在空间依赖性。农业环境规制投资具有很强的经济外部性，一个地区政府实施一项农业环境规制投资，会对周边地区农业环境产生正向影响，这一点通过空间面板 Durbin 模型的估计结果得以证明。随着中国农业市场体系的日趋完善，地区间农业生产和环境保护应该相互协调，政府在制定农业环境规制投资政策时要考虑地区间的相互影响，不能孤立地考虑农业环境规制投资对本地区的农业环境产生影响。

第二，从空间面板 Durbin 模型的估计结果来看，地区经济发展水平、农业产业结构（畜禽养殖业产值占农业总产值的比重）、环境保护力度、城乡收入差距等指标对于农业环境规制投资效率均有不同程度的显著影响。其中，地区经济发展水平、农业产业结构、城乡收入差距等指标的影响是负向的，其余指标的影响是正向的。(1）现阶段农业经济发展与农业环境规制处于两难境地，对于大多数地区，实现经济快速增长是首要目标，所以农业生产往往无暇也无力顾及环境的规制与保护，特别是当前经济转型背景下经济增长压力与农业环境保护处于一种双重困境中。所以，地区经济发展水平对农业环境规制投资效率呈现负向影响。(2）农业产业结构对于农业环境效率的负向影响说明过度发展畜禽养殖业（数据显示，畜禽养殖业是农业面源污染的主要来源之一），将会抑制农业环境规制收益，进而降低农业环境规制投资效率水平。(3）城乡收入差距对于农业环境规制投资效率的负向影响，与农业生产过程过度利用农业环境资源造成农业自然资源浪费和农业环境破坏有关，农业生产者发展农业的动机只是为了获得更多的收入，缺少农业环境保护意识。

第三，空间面板 Durbin 模型还研究了解释变量的空间滞后项与被解释变量之间的关系。其中，地区经济发展水平、农业产业结构、农业产业集聚、环境保护力度等指标的空间滞后项对于农业环境规制投资效率有着显著影响。地区经济发展水平、农业产业结构等指标的影响为负，其余为正。（1）地区经济发展水平空间溢出效应为负，说明本地区经济发展程度不利于周边地区农业环境规制投资效率水平的提升。（2）农业产业结构空间溢出效应为负，说明畜禽养殖业比重提升所产生的面源污染不仅对本地区农业环境产生不利影响，而且由于外部性的存在，对周边农业环境也会产生不利影响。（3）农业产业集聚空间溢出效应为正，说明本地区农业集聚效应对周边地区农业环境规制投资效率水平产生积极影响。（4）环境保护力度空间溢出效应为正，说明现阶段加大对农业环境基础设施的投入，有利于区域农业环境的协同发展。

# 第 7 章　研究结论与政策建议

在前面理论分析和实证分析研究结论的基础上，本章有针对性地提出提升当前中国农业环境规制投资效率的对策建议。

## 7.1　研究结论

中国农业历经了很长一段时间“先污染后治理”的粗放式发展模式，尽管这种发展方式曾经为全社会经济发展做出了巨大贡献，但也造成了严重的农业环境损害，环境污染问题已经成为农业可持续发展的重要“瓶颈”，实施合理的农业环境规制势在必行。然而，任何农业环境规制政策都不是无源之水、无本之木，应该符合经济社会发展阶段的特点。农业环境规制投资在产生一定收益的同时，也会伴随必要的成本投入，农业环境规制投资实施的有效性就需要通过评价农业环境规制投资效率来衡量。所以，本书以农业环境规制投资效率问题为研究对象，通过构建中国农业环境规制投资效率评价体系，利用省级区域面板数据，从时间和空间两个维度探究中国农业环境规制投资效率的时序发展变化以及空间演进态势和规律，分析中国农业环境规制投资效率的时间和空间分布特征，并解析其背后的影响因素，以期在合理评价农业环境规制的效率的基础上，促进农业经济健康可持续发展。实证研究的主要结论有以下几点。

首先，通过 Super-SBM 方法，计算出 2005 ~ 2015 年中国农业环境规制投资效率均值为 0.67（样本期间各省级投资效率值的平均值），且基本上呈现出波动中上升的态势，效率峰值为 0.75（2012 年各省级投资效率值的平均值），整体农业环境规制投资效率水平在样本考察期间随时间变化存在明显波动。从区域来看，东北部地区农业环境规制投资效率由 2005 年的 0.96 增加到 2015 年的 1.99，呈明显的波动上升态势，并且十一年间的农业环境规制投资效率明显高于其他三个区域。同期，东部地区农业环境规制投资效率则呈现前期平稳、后期波动的态势，2010 年之前，东部农业环境规制投资效率维持在 0.5 ~ 0.7，2011 ~ 2015 年，效率则波动较大，并且在 2012 年后开始经历较为明显的下降，2014 年，跌至十一年间效率最低值 0.35。相对于东北地区，西部地区则表现出了相反的态势，农业环境规制投资效率由 2005 年的 0.63 跌至 2014 年的 0.40。中部地区效率值一直运行在低位，起伏不大。所以，东部、中部、西部和东北部地区四大区域的农业环境规制投资效率水平呈现不同程度的差异性，东北地区和东部地区的农业环境规制在样本考察期间均处于相对有效状态，且呈总体向好趋势，中部、西部地区的农业环境规制投资效率整体处于中下游水平。

其次，样本期间中国农业环境规制投资效率时空分布特征呈现为：时间层面，农业环境规制投资效率不存在绝对收敛（σ 收敛和绝对 β 收敛），也不存在着随机收敛，但全国范围内和四大区域内部的农业环境规制投资效率表现出了条件收敛的趋势，说明区域间农业环境规制投资效率的差距将会长期的客观存在，并且将朝着自身的稳态水平增长。空间层面，中国农业环境规制投资效率存在 LISA 显著性，说明地区农业环境规制投资效率并不是随机分布的，而且 LISA 显著性在 2010 年之后表现得更为突出，说明空间相邻地区的农业环境规制投资效率水平对周边地区的空间依赖性逐渐增强。中国各省份的农业环境规制投资效率空间分布均呈相似值（高—高或低—低）之间的空间集聚态势，其中，东北地区和部分东部地区省份的空间属性呈现高—高集聚，中部地区较多省份呈现低—低集聚区域，而西部地区则呈现高—低集聚、低—高集聚或者 LISA 不显著。

最后，通过空间面板 Durbin 模型分析影响中国农业环境规制投资效率的因素，主要包括：第一，代表空间因素的空间相关系数 ρ 为正并显著，证明空间因素是影响中国农业环境规制投资效率的影响因素之一。第二，地区经济发展水平、农业产业结构（畜禽养殖业产值占农业总产值的比重）、环境保护力度、城乡收入差距等指标对于农业环境规制投资效率均有不同程度的显著影响。其中，地区经济发展水平、农业产业结构、城乡收入差距等指标的影响是负向的，其余指标的影响是正向的。第三，地区经济发展水平、农业产业结构、农业产业集聚、环境保护力度等指标的空间滞后项对于农业环境规制投资效率有着显著影响。地区经济发展水平、农业产业结构等指标的影响为负，其余为正。

## 7.2 政策建议

本书的结论表明，现阶段中国农业环境规制投资效率还有很大的提升空间。在影响农业环境规制投资效率的诸多因素中，还有一些因素会对农业环境规制的提升产生负向影响。转变这些因素的影响将是未来政策实施的重点，本书提出以下几方面政策建议。

### 7.2.1　结合农业政策型环境规制提升投资效率

农业环境规制投资效率水平的高低，很大程度上会受到政策性规制设计合理性的制约。政府实施一项投资措施是否有效，可以通过投资效率来衡量。而投资效率直观地反映在成本与收益比上，投资收益越高，单位投资成本的回报率就会越高。提高政府农业环境规制的投资效率，关键在于怎样保证投资收益更好地得到体现。所以，结合农业政策型环境规制，可以更好实现政府投资型环境规制的投资收益，提升投资效率。

（1）完善法律法规。法律是环境规制的主要方式之一，科学合理地设计农业环境规制，需要从法律层面逐步完善相关农业环境保护的法律法规。从目前来看，《环境保护法》《土地管理法》《草原法》《渔业法》《农田灌溉水质标准》《农药安全使用标准》《农业环境保护工作条例》《农业环境监测条例》等法律法规中都有关于农业污染物的净化处理、排放标准以及排放量和浓度等相关规定。此外，还有地方政府颁布的涉及农业环境保护的相关条例。这些法律法规在很大程度上约束了从事农业生产相关行为人的具体行为，保护了农业环境。根据现代农业发展特点，对现行相关法律法规政策条例适时地进行修订和补充，相关的排污标准要根据时代要求重新合理设定。

（2）规范农产品质量标准化体系。随着生活水平的提高，消费者更加注重对产品质量的追求，高质量的产品更容易获得消费者的青睐。设定农产品质量标准化①也是政府农业环境规制的途径之一，在提高农产品质量的同时，也可以降低农业环境污染物的使用量，提升农业环境规制的效率水平。通过不断规范、完善农产品质量标准化体系，使之与时代的发展更适应，对于不适应当前需求的农产品质量标准，应进一步地予以清理、废止或修订，并逐步形成贯穿于农产品产前、产中、产后全过程的农产品质量标准化体系。

### 7.2.2　实现农业供给端发展模式升级

从第6章式（6.3）的模型估计结果来看，现阶段畜禽养殖业比重的提升对农业环境规制投资效率产生了负面影响。形成这样的结果可能与现阶段种植业和养殖业结构不平衡有关。如果不能还田形成养分循环，则会造成农业面源污染。而治理畜禽养殖污染必须从全产业链着手，坚持源头控制，末端无害化处理与资源化利用已成为解决畜禽养殖业环境污染问题的行业共识。因此，应该通过政府农业投资手段，加强农业基础设施建设，提高农业生产集聚性，发挥集约化生产优势，引导农业在供给端进行升级。政府通过投资手段协调农业产业结构，遵循因地制宜、农牧结合、种养平衡、生态循环的原则，加强畜禽产业污染治理投资，升级改造畜禽产业治污设施，实现加快畜禽产业转型升级、推动养殖环境问题有效解决的目标，实现农业生产方式由“资源—产品—废弃物”的传统模式向“资源—产品—再生资源—产品”的新型

① 农产品质量包含了物理、生物质量、生产环境，生产过程、营养、卫生以及消费心理等方面的特征，是一个动态发展的概念。农业标准化是指以农业科学成果和生产实践为基础，运用统一、简化、协调、优选的原理，对农业经济活动中的有关方面和环节制定标准、实施标准，以及对标准的实施进行有效监督的过程。

农业循环经济模式转变，促进农业发展和保护农村生态环境的双赢收益。

### 7.2.3 优化农业财政补贴政策

政府财政预算资金一部分应用在农业环境规制的投资上，加强了地区农业环境基础设施建设，还有很大一部分则是应用在对于农业生产的补贴上。而不当的财政农业支持政策很可能会扭曲生产要素价格，进而造成化肥、农药等生产资料的滥用，影响农业劳动者生产方式选择，加剧环境资源破坏程度，最终影响农业环境规制的投资效率水平。本书假设农业生产要素最初的价格为P，可以产生的边际个人收益为MPB，边际社会收益为MSB。当价格为P时，社会对于农业生产要素的需求量（Qs）小于个人的需求量（Qp），所以边际社会收益曲线位于边际个人收益曲线的左侧。由于政府对农业生产要素的价格进行了财政补贴，使其原有的生产要素价格变为（1－t）P，此时个人对于农业生产要素的需求量会增加，在边际个人收益曲线上移动到Qpt，使得个人的生产要素需求量远远高于社会的生产要素需求量，图7－1中，Qpt和Qs之间的差额即是由于农业生产要素的财政补贴而导致农业资源过度使用的部分。因此，财政支农补贴政策对农业环境的影响应当引起重视，有必要对财政支农补贴政策进行调整以促进农业的可持续发展。

以往实践过程中，政府对于农业生产的财政补贴主要是通过“黄箱”政策，即对农产品的直接价格、种子和肥料等农业生产要素的价格、农产品营销贷款等环节进行不同程度的财政补贴。这些财政补贴行为通常会对农业生产行为造成直接影响。所以，本书认为，完善现有的农业财政补贴政策可以从以下几个方面进行。

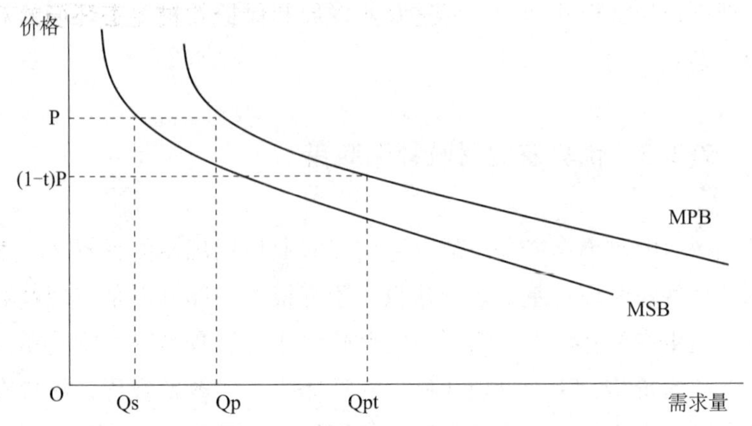


**图7-1　农业生产资料财政补贴对农业资源环境的影响**

（1）逐步完善价格补贴方式。无论是农产品生产环节还是流通环节，以往政府更多的是对生产要素以及农产品的价格进行财政补贴，扭曲了市场机制的正常调节。生产环节，财政价格补贴可能会使农民过多使用化肥、农药等以提高农产品产量。流通环节，2004年，国家开始在稻谷和小麦的主产区实行最低收购价政策。2007年和2008年，国家又开始在东北三省和内蒙古东北地区分别对玉米和大豆实行临时收储价政策。这些政策的基本原理都是将价格和财政补贴联系在一起，使得部分农产品的价格高于市场价，尽管从单价上来看农民获得了一定收益，但是这部分收益会被销量的降低所抵消，农民实际收益并没有得到有效提升，农业环境也会受到不同程度的破坏。所以，应该逐步完善价格补贴方式，将农产品生产和流通环节上产品价格与财政补贴分开，相关产品价格还应主要由市场机制决定，这样才能更好地发挥财政补贴政策的真正作用。

（2）将农业补贴政策与环境指标适度结合。当前，国家农业财政补贴的一种主要途径就是进行粮食直补，即国家根据粮食实际的种植面积按照一定补贴标准对农户直接给予补贴。这种农业补贴方式与粮食种植面积直接挂钩，可能会激励农民加大粮食种植面积和农作物产出，加大对化肥、农药的使用量，不利于农业资源环境的有效保护，需要通过出台相应的农业环境规制约束农业生产者的行为。将农业补贴政策与环境指标适度结合，意味着在农业生产过程中保护好农业环境状态才能获得更多的财政补贴。为此，可以建立一套信息系统将全国农户土地承包与种植面积信息化，对每个农户的农作物产量、种植面积等信息进行有效甄别。通过现代先进技术，对耕地资源情况、土壤质量情况、水体污染情况进行信息搜集，将这部分农业环境信息与农业财政补贴相结合，引导农民对于农业环境保护的重视。

（3）加大"绿箱"财政补贴政策的力度。与"黄箱"财政补贴政策不同，"绿箱"政策是指政府对农业部门的所有投资或支持，其中较大部分是对科技、水利、环保等方面投资。"绿箱"政策一般不会对农产品产出结构和市场供需结构产生扭曲性作用。所以，政府农业财政补贴的重点应该集中在促进现代农业技术创新与应用上，鼓励农民将优良品种培育、新型肥料农药、生产作业机械化等先进技术应用到农业生产的过程中，推动农业发展模式转型，形成依靠科技进步、提高单位产量的集约型发展模式。

### 7.2.4　协调区域农业环境规制政策

本书通过对中国农业环境规制投资效率的空间关联模式的分析，发现无论是全局 Moran 指数还是 LISA 显著性，结果都得出了相似的结论，即中国农业环境规制投资效率水平的地域集聚明显，东北部地区农业环境规制投资效率水平较高的省域呈高—高聚集态势，而西部地区农业环境规制投资效率水平低的省域呈低—低聚集态势。同时，本书还通过对中国农业环境规制投资效率的收敛性分析研究证明，随着经济社会的发展，农业环境规制投资效率水平这种地区差距并没有自动缩小的趋势，30个省份间的农业环境规制投资效率的差距将会一直客观存在，形成了若干效率低下和“冷点”集聚的空间格局。本书的实证研究还揭示出中国农业环境规制投资效率水平存在空间溢出和空间模仿效应。因此，应采取多种举措促进区域间的农业经济技术合作与交流，以加快先进地区向落后地区的技术扩散进程，降低农业生产污染，提高农业环境规制投资效率落后地区的效率水平。同时，各地实施农业环境规制时，应注重空间相关性因素的影响，加强区域之间的统一协调，应加强齐抓共管，防止农业环境规制的成果出现区域间“此消彼长”的现象。建立现有农业环境基础设施共享机制，鼓励打破行政区域限制，对相邻地区进行统一的、合理的布局，统一相邻地区垃圾处理和污水处理等环境收费标准。

### 7.2.5 合理运用政府农业环境规制投资

政府运用农业环境规制中的投资手段，其目的是保护农业环境资源，降低农业环境污染，提高农业经济的可持续发展性。当前，中央政府提出建设“美丽中国”的战略目标，其中很大一部分内容涉及建设社会主义“新农村”。同时，“十三五”规划中也明确提出了整治农村饮用水源、生态垃圾和污水处理、畜禽养殖废弃物资源化利用和污染防治的发展规划。所以，在财政资金投入方面，政府农业环境规制投资应主要集中在这些方面，特别是在农业基础设施相对薄弱的中西部地区，除了发挥政府财政资金以外，还应该注重区域间财政资金的整合力度，在实现农业环境区域协调统一发展的同时，也可以吸引社会资本的投入，拓宽农业环境保护资金来源渠道。在人力资源投入方面，应进一步加强农业环保组织机构、人员建设，重点在法律法规、环境监测仪器使用、环境信息数据库建立等方面对农业环保工作人员进行定期专业培训，提升基层农业环保工作人员的专业素养。

## 7.3　进一步研究展望

关于农业环境规制投资效率的研究是对政府财政预算资金使用的有效性进行科学合理的评价，对于保证农业可持续发展具有重要的理论意义和现实意义。本书在试图进行一些研究创新的同时，也存在一定的研究局限性。例如，局限于数据的可获得性和成本与收益的量化程度，本书将农业投资型环境规制的投资效率作为研究重点，作为衡量农业环境规制实施效率的一种评价，并没有测算农业政策型环境规制的实施效率。在后续的研究过程中，将进一步从农业环境规制的量化角度，重点研究如何量化农业环境规制的实施成本和收益，以期实现对农业环境规制的实施效率进行更为科学的评价。

# 参考文献


[1] A. C. 庇古. 福利经济学 [M]. 朱泱，等译. 北京：商务印书馆，2006.

[2] 保罗·斯威齐. 资本主义发展论——马克思主义政治经济学原理 [M]. 陈观烈，秦亚男，译. 北京：商务印书馆，1997.

[3] 曹颖. 环境绩效评估指标体系研究——以云南省为例 [J]. 生态经济，2006 (05)：330-332.

[4] 陈红，关博，孙文娇. 我国粮食主产区不同环境规制下农业生产效率研究 [J]. 商业研究，2017 (03)：167-174.

[5] 陈明，邱俊钦. 基于环境库兹涅茨曲线的水环境规制研究 [J]. 江西财经大学学报，2018 (04)：53-59.

[6] 陈勇，冯永忠，杨改河. 陕西省农业非点源污染的环境库兹涅茨曲线验证 [J]. 农业技术经济，2010 (07)：22-29.

[7] 程钰，任建兰，陈延斌，徐成龙. 中国环境规制效率空间格局动态演变及其驱动机制 [J]. 地理研究，2016，35 (01)：123-136.

[8] 丹尼尔·F. 史普博. 管制与市场 [M]. 余晖，何帆，钱家骏，等译. 上海：上海三联书店，上海人民出版社，1999：45.

[9] 董秀海，胡颖廉，李万新．中国环境治理效率的国际比较和历史分析——基于 DEA 模型的研究 [J]. 科学研究，2008，26（06）：1221－1230.

[10] 杜红梅，李孟蕊，邱小芳，胡梅梅．基于 SE-DEA 模型的中国农业环境规制效率空间差异分析 [J]. 中南林业科技大学学报，2017，37（04）：112－118.

[11] 杜江，刘渝．农业经济增长因素分析：物质资本，人力资本，还是对外贸易？[J]. 南开经济研究，2010（03）：73－89.

[12] 樊慧玲．转型期政府社会性规制的绩效测度 [J]. 广西经济管理干部学院学报，2009，21（02）：63－68.

[13] 冯卓．环境规制与农业技术进步的关系——以辽宁省为例 [J]. 农业经济，2016（03）：21－23.

[14] 高利红，李胤．比例原则视角下地方环境行政规制合理化研究——以农作物秸秆禁烧为切入点 [J]. 中国人口·资源与环境，2017，27（12）：79－87.

[15] 葛继红，周曙东．农业面源污染的经济影响因素分析——基于 1978—2009 年的江苏省数据 [J]. 中国农村经济，2011（05）：72－81.

[16] 郭庆．环境规制中的规制俘获与对策研究 [J]. 山东经济，2009，25（02）：121－125.

[17] 郭庆．基于委托代理视角的环境规制监督系统设计 [J]. 经济与管理评论，2012，28（06）：32－38.

[18] 郭庆．环境规制政策工具相对作用评价——以水污染治理为例 [J]. 经济与管理评论，2014，30（05）：26－30.

[19] 霍华德·拉丁，王慧，李梦琦．环境规制的理想效率和现实效率 [J]. 南京工业大学学报（社会科学版），2016，15（02）：19－35.

[20] 姬晓辉，汪健莹．基于面板门槛模型的环境规制对区域生态效率溢出效应研究 [J]．科技管理研究，2016，36 (03)：246 - 251.

[21] 江炎骏，赵永亮．环境规制、技术创新与经济增长——基于我国省级面板数据的研究 [J]．科技与经济，2014，27 (02)：29 - 33.

[22] 蒋雯，王莉红，陈能汪，卢晓梅，张明明，李焕承．政府环境绩效评估中隐性绩效初探 [J]．环境污染与防治，2009，31 (08)：90 - 92.

[23] 杰弗里·M. 霍奇逊．经济学是如何忘记历史的：社会科学中的历史特性问题 [M]．高伟，马霄鹏，于宛艳，译．北京：中国人民大学出版社，2008.

[24] 凯斯·R. 孙斯坦．自由市场与社会正义 [M]．金朝武，等译．北京：中国政法大学出版社，2002.

[25] 李谷成，陈宁陆，闵锐．环境规制条件下中国农业全要素生产率增长与分解 [J]．中国人口·资源与环境，2011，21 (11)：153 - 160.

[26] 李谷成，范丽霞，闵锐．资源、环境与农业发展的协调性——基于环境规制的省级农业环境效率排名 [J]．数量经济技术经济研究，2011 (10)：21 - 36.

[27] 李佳佳，罗能生．中国区域环境效率的收敛性、空间溢出及成因分析 [J]．软科学，2016，3 (08)：1 - 5.

[28] 李瑾．环境政策诱导下的技术扩散效应研究 [J]．当代财经，2008 (07)：18 - 23.

[29] 李胜兰，初善冰，申晨．地方政府竞争、环境规制与区域生态效率 [J]．世界经济，2014，37 (04)：88 - 110.

[30] 李胜兰，申晨，林沛娜．环境规制与地区经济增长效应

分析——基于中国省际面板数据的实证检验［J］. 财经论丛，2014（06）：88－96.

［31］李真，张红凤. 中国社会性规制绩效及其影响因素的实证分析［J］. 经济学家，2012（10）：48－57.

［32］梁劲锐，席小瑾，袁宇. 基于SBM模型的农业环境技术效率分析——以山东省为例［J］. 四川农业大学学报，2015，33（03）：338－344.

［33］梁劲锐，王学东. 我国环境规制效率提升的问题与对策［J］. 湖北经济学院学报，2016，14（01）：73－76.

［34］梁流涛，冯淑怡，曲福田. 农业面源污染形成机制：理论与实证［J］. 中国人口·资源与环境，2010，2（04）：74－80.

［35］林关征. 管制的经济绩效分析［J］. 华东理工大学学报（社会科学版），2008（01）：43－46.

［36］林群惠. 乘势而生的政府环保绩效评估［J］. 环境经济，2005，19（07）：34－37.

［37］刘朝，赵志华. 第三方监管能否提高中国环境规制效率？——基于政企合谋视角［J］. 经济管理，2017，39（07）：34－44.

［38］刘海英，尚晶. 中国工业环境规制成本对科技创新的敏感性研究［J］. 科技管理研究，2017，37（22）：19－25.

［39］刘纪山. 基于DEA模型的中部六省环境治理效率评价［J］. 生产力研究，2009（17）：93－94，142.

［40］刘研华，王宏志. 中国环境规制的投入产出分析［J］. 技术经济与管理研究，2011（10）：7－10.

［41］罗纳得·H. 科斯. 企业、市场与法律［M］. 盛洪，陈郁，译. 上海：上海三联书店，1990：93.

［42］罗能生，王玉泽. 财政分权、环境规制与区域生态效

率——基于动态空间杜宾模型的实证研究 [J]. 中国人口·资源与环境，2017，27（04）：110-118.

[43] 吕新军，代春霞. 中国省区环境规制效率研究：基于制度约束的视角 [J]. 财经论丛，2015（08）：105-111.

[44] 马育军，黄贤金，肖思思，王舒. 基于 DEA 模型的区域生态环境建设绩效评价——以江苏省苏州市为例 [J]. 长江流域资源与环境，2007（06）：769-774.

[45] 闵继胜，孔祥智. 我国农业面源污染问题的研究进展 [J]. 华中农业大学学报（社会科学版），2016（02）：59-66.

[46] 潘丹，应瑞瑶. 收入分配视角下的环境库兹涅茨曲线研究——基于 1986—2008 年的时序数据分析 [J]. 中国科技论坛，2010（06）：94-98.

[47] 潘雄锋，刘清，张维维. 空间效应和产业转移双重视角下的我国区域能源效率收敛性分析 [J]. 管理评论，2014，26（05）：23-29.

[48] 彭国华. 中国地区收入差距、全要素生产率及其收敛分析 [J]. 经济研究，2005（09）：19-29.

[49] 彭囝囡. 环境规制的综合理论研究 [J]. 当代经济，2012（03）：126-128.

[50] 石涛. 政府规制的"成本—收益分析"：作用、内涵及其规制效应评估 [J]. 上海行政学院学报，2010，11（01）：67-76.

[51] 宋德勇，邓捷，弓媛媛. 我国环境规制对绿色经济效率的影响分析 [J]. 学习与实践，2017（03）：23-33.

[52] 泰坦伯格. 环境与自然资源经济学 [M]. 严旭阳，等译. 北京：经济科学出版社，2003.

[53] 汤杰新，唐德才，吉中会. 中国环境规制效率与全要素生产率研究——基于考虑非期望产出的静态和动态分析 [J]. 华东

经济管理，2016，30（08）：86－93.

［54］唐丽娟，袁芸．论环境规制对农业企业竞争力的影响及传导机制［J］．农村经济，2014（02）：31－34.

［55］田云．中国低碳农业发展：生产效率、空间差异与影响因素研究［D］．华中农业大学博士学位论文，2015.

［56］涂红星，肖序．行业异质性、效率损失与环境规制成本——基于DDF中国分行业面板数据的实证分析［J］．云南财经大学学报，2014，30（01）：21－29.

［57］王兵，吴延瑞，颜鹏飞．中国区域环境效率与环境全要素生产率增长［J］．经济研究，2010，45（05）：95－109.

［58］王俊豪．政府管制经济学导论［M］．北京：商务印书馆，2001.

［59］王丽珂．基于生态文明的政府环境管理绩效评价［J］．北京工业大学学报（社会科学版），2008，8（06）：16－19.

［60］王文普．环境规制竞争对经济增长效率的影响：基于省级面板数据分析［J］．当代财经，2011（09）：22－34.

［61］王喜平，刘哲．环境规制与工业绿色增长效率——基于空间计量模型的实证［J］．兰州财经大学学报，2018，34（02）：26－34.

［62］王晓宁，毕军，刘蓓蓓，杨洁，石磊．基于绩效评估的地方环境保护机构能力分析［J］．中国环境科学，2006（03）：380－384.

［63］王裕瑾，于伟．我国省际创新全要素生产率收敛的空间计量研究［J］．山东大学学报（哲学社会科学版），2017（01）：43－49.

［64］魏素艳，肖淑芳，程隆云．构建我国环境会计体系的研究［M］．北京：经济科学出版社，2006.

[65] 吴育华，卢静．城市环境保护工作效率评价［J］．天津大学学报（社会科学版），2006（04）：245－249.

[66] 席涛．政府监管影响评估分析：国际比较与中国改革［J］．中国人民大学学报，2007（04）：16－24.

[67] 小贾尔斯·伯吉斯．规制与反垄断经济学［M］．冯金华，译．上海：上海财经大学出版社，2003.

[68] 谢涓，李玉双，韩峰．环境规制与经济增长：基于中国省际面板联立方程的分析［J］．经济经纬，2012（05）：1－5.

[69] 徐成龙，任建兰，程钰．山东省环境规制效率时空格局演变及影响因素［J］．经济地理，2014，34（12）：35－40.

[70] 徐志伟．工业经济发展、环境规制强度与污染减排效果——基于“先污染，后治理”发展模式的理论分析与实证检验［J］．财经研究，2016，42（03）：134－144.

[71] 薛姗姗，潘钟，周伶云．环境综合整治绩效评估方法探讨［J］．环境卫生工程，2008（01）：59－62.

[72] 杨志海，王雅鹏．中国农业环境技术效率与污染减排成本分析［J］．统计与信息论坛，2015，30（07）：71－76.

[73] 任胜钢，蒋婷婷，李晓磊，袁宝龙．中国环境规制类型对区域生态效率影响的差异化机制研究［J］．经济管理，2016，38（01）：157－165.

[74] 于立，张嫚．美国政府规制成本及其经济影响分析［J］．世界经济，2002（12）：33－39，80.

[75] 宇燕，席涛．监管型市场与政府管制：美国政府管制制度演变分析［J］．世界经济，2003（05）：3－26.

[76] 袁平，朱立志．中国农业污染防控：环境规制缺陷与利益相关者的逆向选择［J］．农业经济问题，2015（11）：73－80.

[77] 原毅军，刘柳．环境规制与经济增长：基于经济型规制

分类的研究［J］．经济评论，2013（01）：27－33.

［78］原毅军，苗颖，谢荣辉．环境规制绩效及其影响因素的实证分析［J］．工业技术经济，2016，35（01）：92－97.

［79］岳立，王晓君．环境规制视域下我国农业技术效率与全要素生产率分析——基于距离函数研究法［J］．吉林大学社会科学学报，2013，53（04）：1－8.

［80］臧传琴，吕杰．环境规制效率的区域差异及其影响因素——基于中国2000—2014年省际面板数据的经验考察［J］．山东财经大学学报，2018，30（01）：35－43.

［81］曾福生，郭珍，高鸣．中国农业基础设施投资效率及其收敛性分析——基于资源约束视角下的实证研究［J］．管理世界，2014（08）：173－174.

［82］曾国安，胡晶晶．有关经济管制的几个问题［J］．湖北经济学院学报，2006（01）：13－18.

［83］张红凤．西方规制经济学的变迁［M］．北京：经济科学出版社，2005.

［84］张可，李晶，聂阳剑，薛松．中国农业水环境效率的空间效应及影响因素分析［J］．统计与决策，2017（18）：93－97.

［85］张会恒．英国的规制影响评估及对我国的启示［J］．经济理论与经济管理，2005（01）：74－75.

［86］张天悦．我国省级环境规制的SE-SBM效率研究［J］．工业技术经济，2014，33（04）：143－153.

［87］张铁亮，高尚宾，周莉．德国农业环境保护特点与启示［J］．环境保护，2012（05）：76－79.

［88］张为杰．生态文明导向下中国的公众环境诉求与辖区政府环境政策回应［J］．宏观经济研究，2017（01）：54－61，147.

［89］张曦．发达国家提高社会性规制绩效的路径分析——以

美日两国为例［J］. 经济师，2013（10）：64－65，69.

［90］张喜才，宋正凯. 农业发展与环境规制［J］. 生态经济，2011（01）：92－95.

［91］赵玉民，朱方明，贺立龙. 环境规制的界定、分类与演进研究［J］. 中国人口·资源与环境，2009，19（06）：85－90.

［92］植草益. 微观规制经济学［M］. 朱绍文，译. 北京：中国发展出版社，1992：1－2.

［93］周力. 产业集聚、环境规制与畜禽养殖半点源污染［J］. 中国农村经济，2011（02）：60－73.

［94］周志波，张卫国. 农业面源污染环境税规制机制研究进展［J］. 西南大学学报（社会科学版），2018，44（03）：43－51，190.

［95］Abler D. G.，Pick D. Nafta，Agriculture，and the Environment in Mexico［J］. American Journal of Agricultural Economics，1993，75（03）：794－798.

［96］Adler M. D.，Posner E. A. Implementing Cost-Benefit Analysis when Preferences are Distorted［J］. Journal of Legal Studies，2000，29（S2）：1105－1147.

［97］Alpay E.，Buccola S.，Kerkvliet J. Productivity Growth and Environmental Regulation in Mexican and U. S. Food Manufacturing［J］. American Journal of Agricultural Economics，2002，84（04）：887－901.

［98］Atkinson S. E.，Lewis D. H. A Cost-Effectiveness Analysis of Alternative Air Quality Control Strategies［J］. Journal of Environmental Economics & Management，1974，1（03）：237－250.

［99］Auffhammer Maximilian，Bento Antonio M.，Lowe Scott E. Measuring the Effects of Environmental Regulations：The Critical Importance of a Spatially Disaggregated Analysis [J]. 2007, Working Papers 127019.

[100] Bandara J. S., Coxhead I. Can Trade Liberalization Have Environmental Benefits in Developing Country Agriculture? A Sri Lankan Case Study [J]. Journal of Policy Modeling, 1999, 21 (03): 349-374.

[101] Barbera A. J., Mcconnell V. D. The Impact of Environmental Regulations on Industry Productivity: Direct and Indirect Effects [J]. Journal of Environmental Economics & Management, 1990, 18 (01): 50-65.

[102] Barro R. J., Sala-I-Martin X. Convergence Across U. S. States and Regions [J]. Brookings Papers on Economic Activity, 1991, 22 (01): 107-182.

[103] Bento A. M. Equity Impacts of Environmental Policy [J]. Annual Review of Resource Economics, 2013, 5 (05): 181-196.

[104] Bento A., Freedman M., Lang C. Who Benefits from Environmental Regulation? Evidence from the Clean Air Act Amendments [J]. Review of Economics & Statistics, 2015, 97 (03): 610-622.

[105] Berman E., Bui L. T. Environmental Regulation and Productivity: Evidence from Oil Refineries [J]. The Review of Economics and Statistic, 2001, 88 (03): 498-510.

[106] Bernard A. B., Durlauf S. N. Convergence in International Output [J]. Journal of Applied Econometrics, 1995, 10 (02): 97-108.

[107] Bhattarai M., Hammig M. Institutions and the Environmental Kuznets Curve for Deforestation: A Crosscountry Analysis for Latin America, Africa and Asia [J]. World Development, 2004, 29 (06):

995 - 1010.

[108] Boyce J. K. Inequality as a Cause of Environmental Degradation [J]. Published Studies, 1994, 11 (03): 169 - 178.

[109] Breyer, Stephen G. Regulation and its Reform [M]. Harvard University Press, 1982.

[110] Brunnermeier S. B., Cohen M. A. Determinants of Environmental Innovation in U. S. Manufacturing Industries [J]. Journal of Environmental Economics & Management, 2003, 45 (02): 278 - 293.

[111] Charnes A., Cooper W. W., Rhodes E. Measuring the Efficiency of Decision Making Units [J]. European Journal of Operational Research, 1978, 2 (06): 429 - 444.

[112] Chintrakarn P. Environmental Regulation and U. S. States' Technical Inefficiency [J]. Economics Letters, 2008, 99 (03): 363 - 365.

[113] Clò S., Ferraris M., Florio M. Ownership and Environmental Regulation: Evidence from the European Electricity Industry [J]. Energy Economics, 2017, 61: 298 - 312.

[114] Conrad K., Wastl D. The Impact of Environmental Regulation on Productivity in German Industries [J]. Empirical Economics, 1995, 20 (04): 615 - 633.

[115] Dean, T. J., & Brown, R. L. Pollution Regulation as a Barrier to New Firm Entry: Initial Evidence and Implications for Future Research [J]. Academy of Management Journal, 1995, 38 (01): 288 - 303.

[116] Domazlicky B. R., Weber W. L. Does Environmental Protection Lead to Slower Productivity Growth in the Chemical Industry? [J]. Environmental & Resource Economics, 2004, 28 (03): 301 -

324.

[117] Elhorst J. P. Spatial Econometrics. From Cross-Sectional Data to Spatial Panels [M]. Berlin: Springer, 2014: 164.

[118] Gollop F. M. , Roberts M. J. Environmental Regulations and Productivity Growth: The Case of Fossil-Fueled Electric Power Generation [J]. Journal of Political Economy, 1983, 91 (04): 654 -674.

[119] Gray W. B. The Cost of Regulation: OSHA, EPA and the Productivity Slowdown [J]. American Economic Review, 1987, 77 (77): 998 -1006.

[120] Greenstone, M. Did the Clean Air Act Cause the Remarkable Decline in Sulfur Dioxide Concentrations? [J]. Journal of Environmental Economics and Management, 2004, 47 (03): 585 -611.

[121] Hahn R. W. The Impact of Economics on Environmental Policy [J]. Journal of Environmental Economics & Management, 2000, 39 (3): 375 -399.

[122] Hamamoto M. Environmental Regulation and the Productivity of Japanese Manufacturing Industries [J]. Resource & Energy Economics, 2006, 28 (04): 299 -312.

[123] Jaffe A. B. , Palmer K. Environmental Regulation and Innovation: A Panel Data Study [J]. Review of Economics & Statistics, 1997, 79 (04): 610 -619.

[124] Jorgenson D. W. , Wilcoxen P. J. Environmental Regulation and U. S. Economic Growth [J]. Rand Journal of Economics, 1990, 21 (02): 314 -340.

[125] Joshi S. , Krishnan R. , Lave L. Estimating the Hidden Costs of Environmental Regulation [J]. Accounting Review, 2001, 76 (02): 171 -198.

[126] Lanjouw J. O., Mody A. Stimulating Innovation and the International Diffusion of Environmental Responsive Technology [J]. Research Policy, 1996, 25 (04): 549-571.

[127] Lanoie P., Patry M., Lajeunesse R. Environmental Regulation and Productivity: Testing the Porter Hypothesis [J]. Journal of Productivity Analysis, 2008, 30 (02): 121-128.

[128] Leiter A. M., Parolini A., Winner H. Environmental Regulation and Investment: Evidence from European Industry Data [J]. Ecological Economics, 2011, 70 (04): 759-770.

[129] Magat W. A., Viscusi W. K. Effectiveness of the EPA's Regulatory Enforcement: The Case of Industrial Effluent Standards [J]. Journal of Law & Economics, 1990, 33 (02): 331-360.

[130] Malueg D. A. Emission Credit Trading and the Incentive to Adopt New Pollution Abatement Technology [J]. Journal of Environmental Economics & Management, 1989, 16 (01): 52-57.

[131] Mark C. Strazicich, John A. List. Are $CO_2$, Emission Levels Converging Among Industrial Countries? [J]. Environmental and Resource Economics, 2003, 24 (03): 263-271.

[132] Naso P., Yi Huang, Tim Swanson. The Porter Hypothesis Goes to China: Spatial Development, Environmental Regulation and Productivity [J]. Cies Research Paper, 2017, Research Paper 53.

[133] Oates W. E., Mcgartland A. M. Marketable Pollution Permits and Acid Rain Externalities: A Comment and Some Further Evidence [J]. Canadian Journal of Economics, 1985, 18 (03): 668-675.

[134] Oberndorfer U., Moslener U., Böhringer, Christoph, et al. Clean and Productive? Evidence from the German Manufacturing Industry [J]. Research Policy, 2008, 41 (02): 442-451.

[135] Panayotou T. Conservation of Biodiversity and Economic Development: The Concept of Transferable Development Rights [J]. Environmental & Resource Economics, 1994, 4 (01): 91 – 110.

[136] Pang J., Chen X., Zhang Z., et al. Measuring Eco-Efficiency of Agriculture in China [J]. Sustainability, 2016, 8 (04): 14408 – 14426.

[137] Peltzman S. The Effects of Automobile Safety Regulation [J]. Journal of Political Economy, 1975, 83 (04): 677 – 725.

[138] Porter M. E., Linde C. V. D. Toward a New Conception of the Environment-Competitiveness Relationship [J]. Journal of Economic Perspectives, 1995, 9 (04): 97 – 118.

[139] Posner R. A. Taxation by Regulation [J]. Bell Journal of Economics & Management Science, 1971, 2 (01): 22 – 50.

[140] Sancho F. H., Tadeo A. P., Martinez E. Efficiency and Environmental Regulation. An Application to Spanish Wooden Goods and Furnishings Industry [J]. Environmental and Resource Economics, 2000, 15 (04): 365 – 378.

[141] Seskin E. P., Jr R. J. A., Reid R. O. An Empirical Analysis of Economic Strategies for Controlling Air Pollution [J]. Journal of Environmental Economics & Management, 1983, 10 (02): 112 – 124.

[142] Stefan V., Dirk R. Decisions on Investments in Photovoltaics and Carbon Capture and Storage: A Comparison between Two Different Greenhouse Gas Control Strategies [J]. Energy, 2013, (62): 385 – 392.

[143] Stephens J. K., Denison E. F. Accounting for Slower Economic Growth: The United States in the 1970s [J]. Southern Economic Journal, 1981, 47 (04): 1191 – 1193.

[144] Stigler G. J. The Theory of Economic Regulation [J]. Bell Journal of Economics, 1971, 2 (01): 3-21.

[145] Susmita Dasgupta, Ashoka Mody, Subhendu Roy, et al. Environmental Regulation and Development: A Cross-country Empirical Analysis [J]. Oxford Development Studies, 2001, 29 (02): 173-187.

[146] Tang D., Tang J., Xiao Z., et al. Environmental Regulation Efficiency and Total Factor Productivity—Effect Analysis Based on Chinese Data from 2003 to 2013 [J]. Ecological Indicators, 2017, 73: 312-318.

[147] Viscusi W. K. Mortality Effects of Regulatory Costs and Policy Evaluation Criteria [J]. Rand Journal of Economics, 1994, 25 (01): 94-109.

[148] Viscusi, Kip W. Economics of Regulation and Antitrust [M]. Economics of Regulation and Antitrust. MIT Press, 2000.

[149] Wang Y., Shen N. Environmental regulation and environmental productivity: The case of China [J]. Renewable & Sustainable Energy Reviews, 2016, 62: 758-766.

[150] Xu J., Hyde, W. F., & Amacher, G. S. China's Paper Industry: Growth and Environmental Policy During Economic Reform [J]. Journal of Economic Development, 2000, 28 (01): 49-79.

[151] Zhao Xin, Sun Bowen. The influence of Chinese Environmental Regulation on Corporation Innovation and Competitiveness [J]. Journal of Cleaner Production, 2016, 112 (04): 1528-1536.